# 北大自主招生考试物理试题解析

舒幼生 李湘庆 穆良柱 编著

## 图书在版编目(CIP)数据

北大自主招生考试物理试题解析 / 舒幼生，李湘庆，穆良柱编著. -- 北京：北京大学出版社，2024.10.
ISBN 978-7-301-35620-3

Ⅰ.G634.73

中国国家版本馆CIP数据核字第2024NU9954号

| 书　　　名 | 北大自主招生考试物理试题解析 |
|---|---|
| | BEIDA ZIZHU ZHAOSHENG KAOSHI WULI SHITI JIEXI |
| 著作责任者 | 舒幼生　李湘庆　穆良柱　编著 |
| 责 任 编 辑 | 顾卫宇 |
| 标 准 书 号 | ISBN 978-7-301-35620-3 |
| 出 版 发 行 | 北京大学出版社 |
| 地　　　址 | 北京市海淀区成府路205号　100871 |
| 网　　　址 | http://www.pup.cn　新浪微博：@北京大学出版社 |
| 电 子 邮 箱 | zpup@pup.cn |
| 电　　　话 | 邮购部 010-62752015　发行部 010-62750672　编辑部 010-62765014 |
| 印 刷 者 | 河北滦县鑫华书刊印刷厂 |
| 经 销 者 | 新华书店 |
| | 730毫米×980毫米　16开本　6.5印张　154千字 |
| | 2024年10月第1版　2024年10月第1次印刷 |
| 定　　　价 | 30.00元 |

未经许可，不得以任何方式复制或抄袭本书之部分或全部内容。
**版权所有，侵权必究**
举报电话: 010-62752024　电子邮箱: fd@pup.cn
图书如有印装质量问题，请与出版部联系，电话: 010-62756370

# 目　　录

2005 年试题 …………………………………………………………………………………… 1
2006 年试题 …………………………………………………………………………………… 4
2007 年试题 …………………………………………………………………………………… 9
2008 年试题 …………………………………………………………………………………… 14
2009 年试题 …………………………………………………………………………………… 20
2010 年试题 …………………………………………………………………………………… 26
2011 年试题 …………………………………………………………………………………… 32
2012 年试题 …………………………………………………………………………………… 37
2013 年试题 …………………………………………………………………………………… 43
2014 年试题 …………………………………………………………………………………… 50
2015 年试题 …………………………………………………………………………………… 56
2016 年试题 …………………………………………………………………………………… 62
2017 年试题(初试) …………………………………………………………………………… 68
2017 年试题(博雅计划) ……………………………………………………………………… 72
2018 年试题 …………………………………………………………………………………… 78
2019 年试题 …………………………………………………………………………………… 83
北京大学自主招生物理试题考试范围和难度要求(拟) …………………………………… 90

# 2005 年试题

**每题 10 分，共 50 分**

1. （1）小球从图中 A 处以 $v_A=10$ m/s 的速度水平抛出，落地点 P 与 A 的水平距离为 $s=20$ m，试求 A 相对地面的高度 $H_A$.

（2）小球改从图中 B 处水平抛出，也在 P 点落地，已知 $H_B=H_A/2$，试求小球抛出去的初速度 $v_B$.

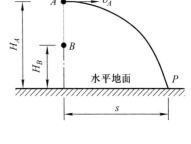

**解** （1）由运动方程知，水平方向
$$s=v_A t=(10 \text{ m/s})t=20 \text{ m},$$
得到 $t=2$ s；设 $g=9.8$ m/s$^2$，竖直方向有
$$H_A=\frac{1}{2}gt^2=19.6 \text{ m}\approx 20 \text{ m}.$$

（2）由竖直方向
$$H_B=\frac{1}{2}gt'^2，\text{又 } H_B=H_A/2=\frac{1}{2}\cdot\frac{1}{2}gt^2,$$
得到 $t'=\sqrt{2}$ s. 代入水平方向运动方程
$$s=v_B t'=20 \text{ m},$$
得到 $v_B=10\sqrt{2}$ m/s$\approx 14$ m/s.

2. （1）图中用轻绳 AB 和轻绳 BC 悬挂着质量为 0.1 kg 的小球 P，平衡时 BC 绳处于水平状态，试求 AB 绳中的张力 T.

（2）将 BC 绳剪断，试求小球 P 与图中左侧竖直墙相碰前瞬间的速度 $v$.

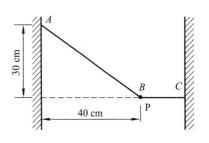

**解** （1）小球 P 受力平衡，则 AB 张力
$$T=\frac{mg}{\frac{3}{5}}=\frac{5}{3}mg=1.63 \text{ N}.$$

（2）由功能关系
$$\frac{1}{2}mv^2=mgh,$$
即得
$$v=\sqrt{2gh}.$$
上式中代入 $h=(50-30)$ cm$=20$ cm$=0.2$ m，有
$$v=1.98 \text{ m/s}.$$

3. 一定质量的理想气体，由于外界条件的变化，其状态变化曲线如图所示，由状态 A 经 B，C 回到 A. 试问 A→B 过程，B→C 过程，C→A 过程中，

（1）哪几个过程，气体对外作正功，为什么？

(2) 哪几个过程，气体内能减少，为什么？

(3) 哪几个过程，气体从外界吸热，为什么？

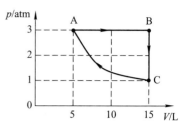

**解** (1) AB 过程，气体对外作正功，因为此过程中气体体积膨胀．

(2) BC 过程，气体内能减少，因为此过程中气体温度降低．

(3) AB 过程，气体从外界吸热，因为此过程中气体对外作正功，且内能增加．

4. 如图所示，两个点电荷 $Q_A=9.0\times10^{-6}$ C，$Q_B=-36\times10^{-6}$ C，相距 $d=0.30$ m．现要引入第三个点电荷 $Q_C$，恰好使这三个点电荷都处于力平衡状态．不计其他外力，试问点电荷 $Q_C$ 所带电量是正的还是负的？再求 $Q_C$ 与 $Q_A$ 之间的距离 $x$ 及 $Q_C$ 电量的绝对值．

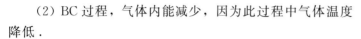

**解** 如题解图，$Q_C$ 为负电荷，放在 $Q_A$ 左侧，相距 $x$ 处．$Q_C$ 受 $Q_A$，$Q_B$ 力抵消，有

$$k\frac{Q_A|Q_C|}{x^2}=k\frac{|Q_B Q_C|}{(x+d)^2},$$

得到 $x=d=0.30$ m．

$Q_A$ 受 $Q_B$，$Q_C$ 力抵消，有

$$k\frac{Q_A|Q_B|}{d^2}=k\frac{|Q_C|Q_A}{x^2},$$

得到 $Q_C=Q_B=-36\times10^{-6}$ C．

同理，因为 $Q_B$ 也要受力平衡，可验证有

$$k\frac{Q_A|Q_B|}{d^2}=k\frac{|Q_B Q_C|}{(x+d)^2}.$$

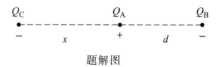

题解图

5. (1) 图 1 中 MN 是一块平面镜，试为点状物 S 射出的两条光线准确地画出它们的反射光线，并据此画出像 $S'$ 的位置．

(2) 如图 2 所示，光线从空气射到折射率为 $n$ 的玻璃体左侧 $P$ 点后，又折射到玻璃体内上方侧面 $Q$ 点，为使光线在 $Q$ 处可以发生全反射，试问入射角 $\theta_1$ 应取哪些值？

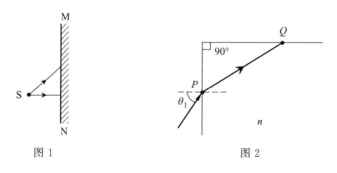

图 1　　　　　图 2

**解** (1) 如题解图 1 所示．

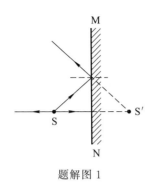
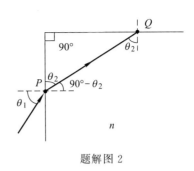

题解图 1　　　　　　　　题解图 2

（2）全反射临界角为

$$\arcsin\frac{1}{n}.$$

见题解图 2，根据题目，要求

$$\theta_2 > \arcsin\frac{1}{n}, \quad 即 \cos\theta_2 < \frac{\sqrt{n^2-1}}{n}.$$

对于左侧入射，这时有

$$\sin\theta_1 = n\sin(90°-\theta_2) = n\cos\theta_2 < \sqrt{n^2-1},$$

故当

$$\theta_1 \in [0, \pi/2], \quad 且\ \theta_1 < \arcsin\sqrt{n^2-1}$$

时，才能发生全反射．

# 2006 年试题

1. (12分)密度为 $\rho_0$ 的液体在容器的下部，密度为 $\rho_0/3$ 的液体在容器的上部，两种流体互不溶合. 高 $H$、密度为 $\rho_0/2$ 的长方固体静止在液体中，如图所示，试求图中两个高度量 $h_1$ 与 $h_2$.

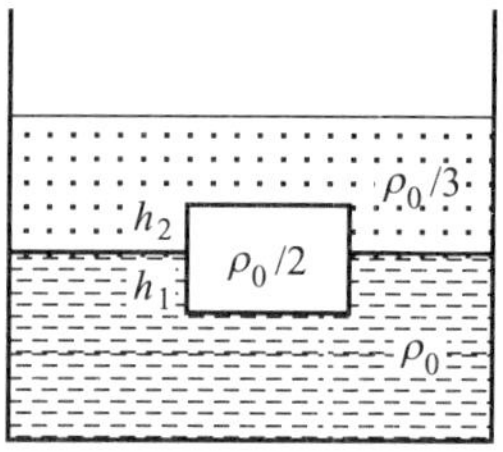

**解** 图中长方体水平方位的面积设为 $S$，长方体所受浮力需与重力平衡，即有

$$\rho_0 h_1 S g + \frac{\rho_0}{3} h_2 S g = \frac{\rho_0}{2} H S g,$$

且
$$h_1 + h_2 = H,$$

联立，解得

$$h_1 = \frac{H}{4}, \quad h_2 = \frac{3}{4}H.$$

2. (12分)一定质量的理想气体，由于外界条件的变化，其状态变化曲线如图所示，由状态 A 经 B、C 回到 A. 试问 A→B 等压过程、B→C 等容过程、C→A 等温过程中，

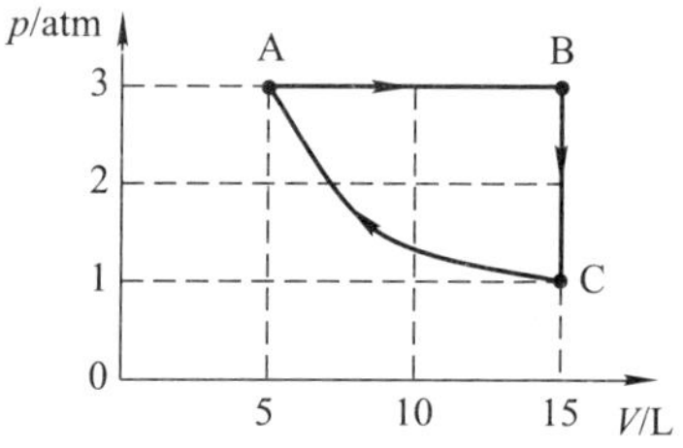

(1) 哪几个过程，气体对外作正功，为什么？
(2) 哪几个过程，气体内能减少，为什么？
(3) 哪几个过程，气体从外界吸热，为什么？

**解** (1) AB 过程，气体对外作正功，因为此过程中气体体积膨胀.
(2) BC 过程，气体内能减少，因为此过程中气体温度降低.
(3) AB 过程，气体从外界吸热，因为此过程中气体对外作正功，且内能增加.
(类同 2005 年题 3.)

3. (12分)如图所示，两个点电荷：$Q_A = 36 \times 10^{-6}$ C，$Q_B = -9.0 \times 10^{-6}$ C，两者相距 $d = 0.30$ m. 现在放入第三个点电荷 $Q_C$，无其他作用力时，这三个点电荷恰好都处于力平衡状态. 试求 $Q_C$，并确定所放位置.

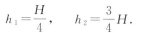

**解** 如题解图，$Q_C$ 为正电荷，放在 $Q_B$ 右侧，相距 $x$ 处.

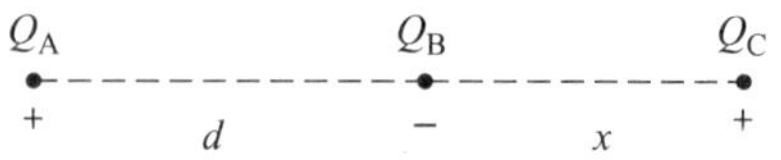

$Q_C$ 受 $Q_A$，$Q_B$ 力抵消，有

$$k\frac{Q_A Q_C}{(x+d)^2} = k\frac{|Q_B| Q_C}{d^2},$$

得到 $x = d = 0.30$ m.

$Q_B$ 受 $Q_A$，$Q_C$ 力抵消，有

$$k\frac{Q_A |Q_B|}{d^2} = k\frac{Q_C |Q_B|}{x^2},$$

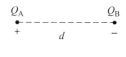

题解图

得到 $Q_C = Q_A = 36 \times 10^{-6}$ C.

同理，因为 $Q_A$ 也要受力平衡，可验证有
$$k\frac{Q_A|Q_B|}{d^2} = k\frac{Q_A Q_C}{(x+d)^2}.$$

(类同 2005 年题 4.)

**4.** (12分) 已知地球半径 $R = 6400$ km, 结合你熟知的某些物理量，估算一个人以奥运会百米短跑纪录的速度，每天跑 8 小时，需经多少个月方能从地球表面"跑"到月球表面？

**解** 将地球、月球质量分别记为 $M$, $m$, 月球绕地球公转角速度和周期分别记为 $\omega$ 和 $T$, 再将地球中心到月球中心距离记为 $r$, 则有
$$m\omega^2 r = G\frac{Mm}{r^2}, \quad \omega = \frac{2\pi}{T}.$$

得
$$r^3 = \frac{GM}{\omega^2} = \frac{GMT^2}{4\pi^2}.$$

又 $g = \frac{GM}{R^2}$, 代入上式，得
$$r = \sqrt[3]{\frac{gR^2 T^2}{4\pi^2}}.$$

将已知物理量 $g = 9.8$ m/s$^2$, $T = 30 \times 24 \times 3600$ s $= 2.592 \times 10^6$ s, $R = 6.4 \times 10^6$ m 代入，得 $r = 4.089 \times 10^8$ m; 减去地球、月球半径(月球半径约为 1700 km), 可将地球表面到月球表面距离取为 $4.0 \times 10^8$ m. 奥运会百米纪录约为 10 s, 即速度 $v = 10$ m/s, 则所求时间为
$$t = \frac{4.0 \times 10^8}{10} \text{ s} = 4.0 \times 10^7 \text{ s}.$$

按每个月 30 天算，这个人每天跑 8 小时，即每个月的跑步时长为
$$T_1 = 30 \times 8 \times 3600 \text{ s} = 8.64 \times 10^5 \text{ s},$$

$\frac{4.0 \times 10^7}{8.64 \times 10^5} \approx 46$, 故需 46 个月.

**5.** (12分) 直流电路如图所示.

(1) 电路中 5 Ω 电阻消耗的电功率降到零时，可变电阻器 $R_0$ 为何值？

(2) $R_0$ 取(1)问要求值时，电源输出电功率 $P$ 为何值？

(3) 引入电功率 $P_{AB}$, $P_{AC}$, $P_{BD}$ 和 $P_{CE}$, 它们分别是电路中结点 A, B 间, A, C 间, B, D 间和 C, E 间的电功率，试分析地判定其中哪一个最大，哪一个最小.

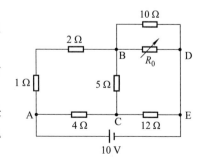

**解** (1) 消耗功率为零，说明电阻上无电流通过，B, C 等电势，由此可算得 $R_0 = 90$ Ω.

(2) 在(1)问的情形，外电路等效电阻可算得为

$$R=\frac{16\times12}{16+12}\ \Omega=48/7\ \Omega,$$

电源输出电功率

$$P=U^2/R=(175/12)\ \text{W}=14.58\ \text{W}\approx15\ \text{W}.$$

(3) 串联 $P=I^2R$，可推出

$$P_{CE}>P_{AC},$$
$$P_{BD}>P_{AB}.$$

并联 $P=U^2/R$，可推出

$$P_{AB}>P_{AC},$$
$$P_{BD}>P_{CE}.$$

由此可知 $P_{BD}$ 最大，$P_{AC}$ 最小．

6. (12 分)(1) 某介质的折射率为 $n$，一束光从介质射向空气，试求出现全反射现象的临界角 $\theta_0$．

(2) 如图所示，一束平行光垂直于 $AB$ 面射到截面为半圆形的玻璃砖上．设玻璃折射率 $n=\sqrt{2}$，试求从玻璃砖半圆侧面射出光线的范围．要求通过计算得出结果，并在图上表示出这一范围．

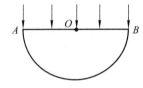

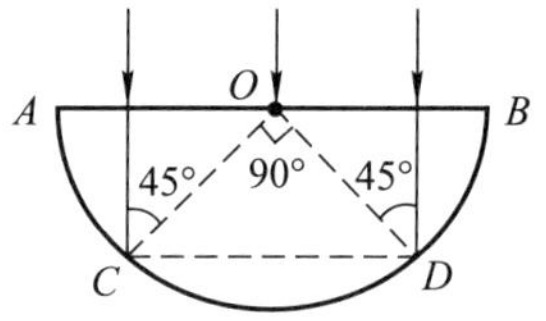

题解图

**解** (1) $n\sin\theta_0=1$，则

$$\theta_0=\arcsin\frac{1}{n}.$$

(2) 从介质射向空气的全反射临界角

$$\theta_0=\arcsin\frac{1}{\sqrt{2}}=45°,$$

故射出光线的范围为题解图所示 $CD$ 圆弧．

7. (16 分)如图所示，固定斜面体 $ABC$ 的水平底面长 $l$，两个底角分别为 $\theta_1$ 和 $\theta_2$，小物块从 $A$ 端以某初速度沿 $AB$ 面向上运动，到达顶端 $B$ 处后能平稳地拐弯再沿 $BC$ 面向下运动，到达 $C$ 端时速度恰为在 $A$ 处初速度的 $1/\sqrt{2}$ 倍．将小物块到达 $C$ 端时的速度记为 $v$，设小物块与斜面体之间的摩擦系数处处相同．

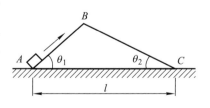

(1) 试求摩擦系数 $\mu$．

(2) 小物块若以同样的初速度改从 $C$ 端沿 $CB$ 面向上运动，试求小物块到达 $A$ 端时的速度 $v_A$ 和小物块到达顶端 $B$ 处时的速度 $v_B$；并取 $\theta_1=45°$，$\theta_2=30°$，$v^2=2gl$，计算 $v_B$．

**解** (1) 引入题解图所示几何参量，小物块质量 $m$，初速度可记为 $\sqrt{2}v$，有功能关系式：

$$\frac{1}{2}m(\sqrt{2}v)^2 - \frac{1}{2}mv^2 = \mu mg\,\overline{AB}\cos\theta_1 + \mu mg\,\overline{BC}\cos\theta_2$$
$$= \mu mgl_1 + \mu mgl_2 = \mu mgl,$$

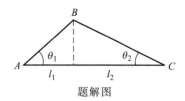

题解图

解得 $\mu = \dfrac{v^2}{2gl}$.

（2）求解 $v_A$ 的关系式与（1）问相同，即为

$$\frac{1}{2}m(\sqrt{2}v)^2 - \frac{1}{2}mv_A^2 = \mu mg\,\overline{AB}\cos\theta_1 + \mu mg\,\overline{BC}\cos\theta_2 = \mu mgl,$$

故必有

$$v_A = v.$$

求解

$$\frac{1}{2}m(\sqrt{2}v)^2 - \frac{1}{2}mv_B^2 = \mu mg\,\overline{BC}\cos\theta_2 + mgh = \mu mgl_2 + mgh,$$

即有

$$v_B^2 = 2v^2 - 2\mu gl_2 - 2gh.$$

且由题解图可知

$$l_1 + l_2 = l, \quad l_1 \cdot \tan\theta_1 = h, \quad l_2 \cdot \tan\theta_2 = h,$$

得到

$$h = \frac{l}{\cot\theta_1 + \cot\theta_2}, \quad l_2 = h\cot\theta_2 = \frac{l}{1 + \dfrac{\tan\theta_2}{\tan\theta_1}},$$

则

$$v_B = \sqrt{2v^2 - \frac{l_2}{l}v^2 - 2gh} = \sqrt{2v^2 - \frac{v^2}{1 + \dfrac{\tan\theta_2}{\tan\theta_1}} - \frac{2gl}{\cot\theta_1 + \cot\theta_2}}.$$

由已知条件 $\theta_1 = 45°$，$\theta_2 = 30°$，$v^2 = 2gl$，有

$$h = \frac{l}{1+\sqrt{3}}, \quad l_2 = \frac{\sqrt{3}\,l}{1+\sqrt{3}},$$

故 $v_B = \sqrt{4gl - \dfrac{2gl\sqrt{3}}{1+\sqrt{3}} - \dfrac{2gl}{1+\sqrt{3}}} = \sqrt{2gl}$.

8. （12分）如图所示，质量 $m$、电量 $q>0$ 的小物体静止在水平地面上，两者间的摩擦系数为 $\mu$. 地面上方有图示的水平方向匀强电场 $E$ 和匀强磁场 $B$，其中 $B$ 的方向垂直图平面朝里. 设 $\mu = \dfrac{qE}{mg}$，已知小物体从自由释放后经过时间 $t_0$ 升离地面，试求过程中小物体通过的路程 $s$.

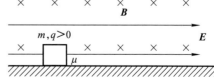

**解** 水平方向

$$F = qE - \mu(mg - qvB)$$
$$= qE - \mu mg + \mu qvB.$$

设经过时间 $t_0$ 达到速度 $v_0$，则有
$$qv_0 B = mg,$$
$$mv_0 = \sum_0^{t_0} F\Delta t = \sum_0^{t_0}(qE - \mu mg + \mu qvB)\Delta t = qEt_0 - \mu mgt_0 + \mu qB\sum_0^{t_0} v\Delta t,$$
而
$$\mu qB\sum_0^{t_0} v\Delta t = \mu qB\sum_0^{s}\Delta s = \mu qBs,$$
可得
$$s = \frac{1}{\mu qB}\left[\frac{m^2 g}{qB} - (qE - \mu mg)t_0\right].$$

# 2007 年试题

1. (12 分)设想地球、月球半径以及两者中心间距都缩小为原值的十分之一,但各自质量不变.

(1) 地面上每个人的重量将为原重量的多少倍?

(2) 月球绕地球运动的周期将为原周期的多少倍?

**解** (1) 地球半径从 $R_0$ 变为 $R = \frac{1}{10}R_0$,则

$$mg = G\frac{Mm}{R^2} = \frac{R_0^2}{R^2}G\frac{Mm}{R_0^2} = (10)^2 mg_0,$$

即 100 倍.

(2) 月球绕地球运动的方程为

$$m_m\frac{v^2}{r} = G\frac{Mm_m}{r^2},$$

则 $v = \sqrt{\frac{GM}{r}}$.

地、月间距由 $r_0$ 变为 $r' = \frac{1}{10}r_0$,则周期

$$T' = \frac{2\pi r'}{v} = 2\pi\sqrt{\frac{r'^3}{GM}} = \sqrt{\frac{r'^3}{r_0^3}}2\pi\sqrt{\frac{r_0^3}{GM}} = \sqrt{10^{-3}}\,T_0,$$

即当 $r' = \frac{1}{10}r_0$ 时,周期变为原来的 $\sqrt{10^{-3}} = 0.0316$ 倍.

2. (12 分)简述热力学第一定律和第二定律的内容.

什么是第一类永动机和第二类永动机?它们能否被制作?为什么?

**解** 热力学第一定律指在一个热力学过程中系统内能的增量等于外界对系统所作的功与外界传递给系统的热量之和,即 $\Delta U = W + Q$.

热力学第二定律的克劳修斯表述:不可能把热量从低温物体传到高温物体而不引起其他变化;开尔文表述:不可能从单一热源吸取热量,使之完全变为有用的功而不产生其他影响;数学表述是克劳修斯不等式 $\oint \frac{dQ}{T} \leq 0$.

第一类永动机指不需要消耗任何形式的能量和动力而能对外作功的机械.违反能量守恒定律,故不能制成.

第二类永动机指从单一热源吸热作功的永动机.违反热力学第二定律的开尔文表述,故不能制成.

3. (12 分)四个相同导体球 A,B,C,D,其中一个(未必是 A)不带电,一个带电 $Q > 0$,另外两个分别带电 $-Q$.

(1) 戴上绝缘手套后,用双手进行力测试:取两个球,彼此靠近但不接触,双手可感受其间有相互吸引力或者排斥力,同时可以识别此力较大还是较小(事先练习后,可判定

$Q$ 球与 $-Q$ 球间引力以及 $-Q$ 球与 $-Q$ 球间斥力同为较大者；$Q$ 球或 $-Q$ 球与不带电球间引力为较小者). 通过两次力测试, 发现 A, B 间有较小吸引力, A, C 间也有较小吸引力, 请再作次数尽可能少的力测试, 判定 A, B, C, D 各球带电情况.

(2) 另设 A 带电 $Q>0$, B, C 各带电 $-Q$, 令 A, B 相距 $l$, 用仪器精确测得其间吸引力的大小 $F_1$, 再令 B, C 相距 $l$, 用仪器精确测得其间排斥力的大小 $F_2$. 试问 $F_1$ 与 $F_2$ 谁大谁小? 为什么?

**解** (1) 根据已知条件可判定 A 球不带电.

取 B, C 作第一次力测试:

$\begin{cases} \text{若为斥力, 则 B, C 都带} -Q, \text{D 带} Q. \\ \text{若为引力, 再取 B, D 作第二次力测试:} \begin{cases} \text{若为斥力, 则 B, D 都带} -Q, \text{C 带} Q; \\ \text{若为引力, 则 B 带} Q, \text{C, D 都带} -Q. \end{cases} \end{cases}$

(2) $F_1$ 大, 因为 A 中正电荷与 B 中负电荷相互靠近, 使其间引力增大;

$F_2$ 小, 因 B, C 中负电荷相互远离, 使其间斥力减小.

4. (15 分) 北京地区地面附近地球磁场的水平分量记为 $B_{//}$, 竖直向下分量记为 $B_\perp$. 取电阻为 $R$、半径为 $r$ 的金属圆环, 将环如图 1 所示竖直放置后, 绕着它的竖直直径旋转 $180°$, 测得流过圆环的电量为 $Q_1$. 再让圆环如图 2 所示, 绕着它的东西水平直径转过 $90°$ (上半圆环朝着图平面外侧旋转, 下半圆环朝着图平面里侧旋转), 测得流过圆环的电量为 $Q_2$. 试求 $B_{//}$ 和 $B_\perp$.

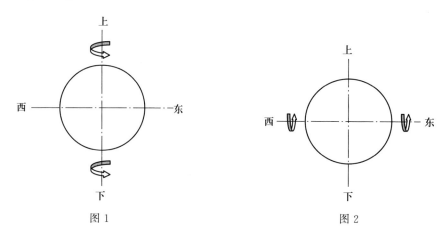

图 1    图 2

**解** $B_{//}$ 的计算:

$$\overline{\mathscr{E}}_1 = \frac{\Delta \Phi_1}{\Delta t}, \quad \Delta \Phi_1 = 2B_{//} \pi r^2,$$

$$\overline{I}_1 = \frac{\overline{\mathscr{E}}_1}{R} = \frac{2B_{//} \pi r^2}{\Delta t \cdot R},$$

$$Q_1 = \overline{I}_1 \Delta t = \frac{2B_{//} \pi r^2}{R},$$

故 $B_{//} = \dfrac{Q_1 R}{2\pi r^2}.$

$B_\perp$ 的计算：
$$\bar{\mathcal{E}}_2 = \frac{\Delta\Phi_2}{\Delta t}, \qquad \Delta\Phi_2 = B_{//}\pi r^2 + B_\perp \pi r^2,$$
$$\bar{I}_2 = \frac{\bar{\mathcal{E}}_2}{R} = \frac{(B_{//}+B_\perp)\pi r^2}{\Delta t \cdot R},$$
$$Q_2 = \bar{I}_2 \Delta t = \frac{(B_{//}+B_\perp)\pi r^2}{R},$$

故 $B_\perp = \dfrac{(2Q_2 - Q_1)R}{2\pi r^2}$.

5. (15 分)(1) 顶角为 $\theta$ 的直角三棱镜，如图 1 所示．单色光经空气从斜边射入后在棱镜中的折射光线与棱镜底边平行．再从棱镜出射后，相对原入射光线的偏向角为 $\alpha$，试求棱镜玻璃折射率 $n$.

(2) 假设(1)问中的 $\alpha = \theta = 30°$，再将另一个材料相同的较大直角三棱镜以图 2 所示方式拼接在图 1 三棱镜右侧．不改变原入射光线方位，试求从组合棱镜第一次出射到空气的光线相对原入射光线的偏向角 $\alpha'$.

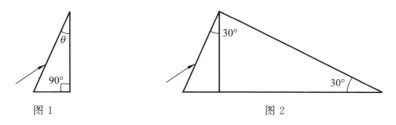

图 1  图 2

**解** (1) 见题解图 1，折射定律
$$\sin\phi_1 = n\sin\phi_2,$$
由几何关系
$$\phi_2 = \theta, \qquad \phi_1 = \alpha + \phi_2,$$
可得
$$n = \frac{\sin\phi_1}{\sin\phi_2} = \frac{\sin(\alpha+\theta)}{\sin\theta}.$$

(2) 已知 $\alpha = \theta = 30°$，有
$$n = \frac{\sin(30°+30°)}{\sin 30°} = \sqrt{3}.$$

光路如题解图 2，在组合棱镜右侧面发生全反射(临界角 $\arcsin\dfrac{1}{n} = 35.3°$)，从底面第二次出射到空气．

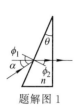
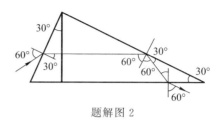

题解图 1  题解图 2

从图可得，偏向角 $\alpha' = 60°$.

6. (14 分) 如图所示，用波长 $\lambda = 0.3\ \mu\text{m}$ 的紫外线点光源 S，正面照射金属铯的薄圆片 P.

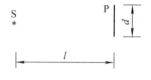

(1) 已知铯可发生光电效应的红限频率 $\nu_0 = 4.5 \times 10^{14}$ Hz，普朗克常量 $h = 6.63 \times 10^{-34}$ J·s，试求铯的逸出功 $W$ 和光电子从铯表面飞出时的最大动能 $E_k$.

(2) 设点光源 S 发光强度极弱，每秒发出 $n_0 = 1000$ 个光子，铯片 P 的直径 $d = 0.6\ \mu\text{m}$，P 与 S 的距离 $l = 0.2$ mm. 再设每入射一个光子便能打出一个光电子，试问平均每隔多长时间 $t$，P 可出射一个光电子？

**解** (1) $W = h\nu_0 = 6.63 \times 10^{-34} \times 4.5 \times 10^{14}$ J
$= 2.9835 \times 10^{-19}$ J $= 1.86$ eV.

$$E_k = h\nu - W = \frac{hc}{\lambda} - W = \left(\frac{6.63 \times 10^{-34} \times 3 \times 10^8}{0.3 \times 10^{-6}} - 2.9835 \times 10^{-19}\right) \text{J}$$
$= (6.63 \times 10^{-19} - 2.98 \times 10^{-19})$ J $= 3.65 \times 10^{-19}$ J $= 2.3$ eV.

(2) 每秒打到 P 的光子数应为

$$\frac{\pi \left(\frac{d}{2}\right)^2}{4\pi l^2} n_0 = \frac{(0.3 \times 10^{-6})^2}{4 \times (0.2 \times 10^{-3})^2} \times 1000 = \frac{9}{16} \times 10^{-3}.$$

故平均的间隔时间

$$t = \left(\frac{9}{16} \times 10^{-3}\right)^{-1} \text{s} = 1777.778 \text{ s} = 29.63 \text{ min} \approx 30 \text{ min},$$

即平均每隔 30 分钟 P 可出射一个光电子.

7. (20 分) 长 $4l$、质量 $4m$ 的匀质软绳，连接质量 $M$ 的小物块后，与水平桌面构成的系统如图所示，桌面离地高度 $h > 4l$. 绳与桌面、与桌的侧面间均无摩擦，小物块与桌面的 $\overline{AB} = l$ 部分间无摩擦，过 $B$ 后摩擦系数处处相同，记为 $\mu$.

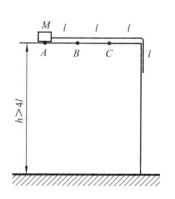

(1) 设物块到达桌面 $C$ 点刚好停住，其中 $\overline{AC} = 2l$，试求 $\mu$ 和物块运动过程中的最大速度值 $v_{\max}$；

(2) 是否存在一个 $\mu$，使得物块运动到桌边刚好停下，且而后不再运动？

(3) 取 $\mu = \dfrac{15m}{4M}$，求物块停止运动且而后不再运动的位置.

**解** (1) $AB$ 段无摩擦力，$BC$ 段有摩擦力，由功能关系式

$$\mu Mgl = 2mgl + mg \cdot 2l,$$

得 $\mu = 4m/M$.

$M$ 进入 $BC$ 段时，因

$$\mu Mg = 4mg > (2 \sim 3)mg,$$

故系统一直处于减速状态，可见 $M$ 到达 $B$ 处时速度最大.

由功能定理

$$\frac{1}{2}(M+4m)v_{\max}^2 = mg\frac{l}{2} + mgl,$$

得 $v_{\max} = \sqrt{\dfrac{3mgl}{M+4m}}$.

(2) 为使 $M$ 到桌边刚好停下，暂不考虑而后动或不动，$\mu$ 需满足：

$$\mu Mg \cdot 2l = 3mg \cdot \frac{3}{2}l + mg \cdot 3l,$$

即要求 $\mu = \dfrac{15m}{4M}$.

但在桌边时摩擦力

$$\mu Mg = \frac{15}{4}mg < 4mg \quad (\text{绳所受重力}),$$

故系统会继续运动，物块不可能在桌边停住且而后不动，即这样的 $\mu$ 不存在.

(3) 取 $\mu = \dfrac{15m}{4M}$，设物块在桌边左侧 $x$ 处停住，则有

$$\mu Mg(2l-x) = \left(\frac{4l-x}{4l}4m\right)g\frac{4l-x}{2} - mg\frac{l}{2}, \quad 且 \mu = \frac{15m}{4M},$$

解得 $x_1 = l/2$，$x_2 = 0$(舍去).

取 $x_1 = l/2$，因

$$\mu Mg = \frac{15}{4}mg > \frac{7}{2}mg \quad (\text{下垂绳段所受重力}),$$

$M$ 不再朝右运动，即物块停止运动的位置在桌边左侧 $l/2$ 处.

## 2008年试题

1. (12分)如图所示,小球在 $x=0$ 点从静止出发开始运动. 在 $x_0 > x \geq 0$ 区域,小球具有沿 $x$ 轴正方向的匀加速度 $a_0$,在 $2x_0 > x \geq x_0$ 区域,小球具有沿 $x$ 轴正方向的匀加速度 $2a_0$.

(1) 试求小球到达 $x_0$ 点时的速度 $v_1$ 和到达 $2x_0$ 时的速度 $v_2$;

(2) 计算小球从 $x=0$ 到达 $x=2x_0$ 点所经时间 $t$.

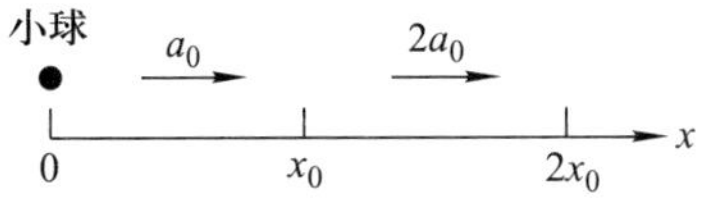

**解** (1) 由 $v_1^2 = 2a_0 x_0$,有
$$v_1 = \sqrt{2a_0 x_0},$$
且
$$v_2^2 - v_1^2 = 2 \times 2a_0 (2x_0 - x_0),$$
有
$$v_2 = \sqrt{6a_0 x_0}.$$

(2) 
$$t = \frac{v_1}{a_0} + \frac{v_2 - v_1}{2a_0} = \frac{v_1}{a_0} + \frac{\sqrt{3}-1}{2} \frac{v_1}{a_0} = \frac{\sqrt{3}+1}{2} \frac{v_1}{a_0},$$
代入前面结果,则
$$t = \frac{\sqrt{3}+1}{2} \sqrt{\frac{2x_0}{a_0}}.$$

2. (12分) 气体分子间距较大,相互作用力较小,分子势能假设可以略去. 在解答本题时,气体内能的变化只需考虑温度的变化即可.

如图所示的 $p$-$V$(压强-体积)图像中,a,b,c,d 表示一定质量的气体状态变化过程中的四个状态. 图中 ab 过程线平行于 $V$ 轴,bc 过程线平行于 $p$ 轴,da 过程线的反向延长线通过坐标原点 $O$. 试问 ab 过程,bc 过程,cd 过程和 da 过程中,

(1) 哪几个过程气体吸热?为什么?

(2) 哪几个过程气体放热?为什么?

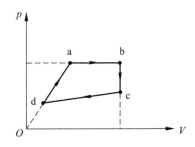

**解** (1) da 过程吸热，对外界作功，温度升高；

ab 过程吸热，对外界作功，温度升高．

(2) bc 过程放热，温度降低；

cd 过程放热，外界作功，温度降低．

3. (18分)由 6 个未必相同的电阻和电压 $U=10$ V 的直流电源构成的电路如图 1 所示，其中电源输出电流 $I_0=3$ A. 若如图 2 所示，在电源右侧并联一个电阻(电阻值记为 $R_x$)，则电源输出电流 $I=5$ A. 今将此电源与电阻 $R_x$ 串联后，改接在 C，D 两点右侧，如图 3 所示，试求电源输出电流 $I'$.

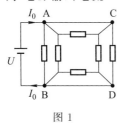

图 1

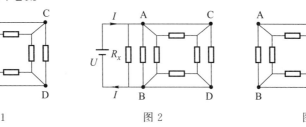

图 2

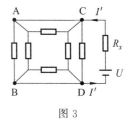

图 3

**解** 图 1 中 A，B 两点间等效电阻

$$R_{AB}=\frac{U}{I_0}=\frac{10}{3}\ \Omega.$$

图 2 中 $R_x$ 与 $R_{AB}$ 并联，故有

$$R_x=\frac{U}{I-I_0}=\frac{10}{2}\ \Omega=5\ \Omega.$$

参看图 1，6 个电阻构成的网络中，上下两个电阻内均无电流，可以断开，故图 3 中的等效电阻 $R_{CD}$ 与图 1 中的 $R_{AB}$ 相同，即有

$$R_{CD}=R_{AB}=\frac{10}{3}\ \Omega,$$

可得 $I'=\dfrac{U}{R_x+R_{CD}}=\dfrac{10}{5+\dfrac{10}{3}}\ \text{A}=1.2\ \text{A}.$

4. (18分) 如图所示，两条电阻可以忽略不计的金属长导轨固定在一个水平面上，互相平行，相距 $l$. 另外两根长度都是 $l$，质量都是 $m$，电阻都是 $R$ 的导体棒，可以在长导轨上无摩擦地左右滑动．在讨论的空间范围内，存在着竖直向下的匀强磁场，磁感应强度大小为 $B$. 开始时，右侧的导体棒具有朝右的初速度 $2v_0$，左侧的导体棒具有朝左的初速度 $v_0$.

(1) 计算开始时流过两根导体棒的电流强度,以及各自所受安培力的大小和方向;

(2) 当两根导体棒中有一根先停止运动时,再计算此时各棒所受安培力的大小和方向.

**解** (1) $\mathscr{E}_{右}=Bl\cdot 2v_0$,  $\mathscr{E}_{左}=Bl\cdot v_0$,

$$\mathscr{E}=\mathscr{E}_{右}+\mathscr{E}_{左}=3Blv_0,$$

$$I=\frac{\mathscr{E}}{2R}=\frac{3Blv_0}{2R}=\frac{3}{2}\frac{Blv_0}{R},$$

$$F_{安}=IBl=\frac{3}{2}\frac{B^2l^2v_0}{R},$$

$F_{安右}=F_{安}$,方向朝左;  $F_{安左}=F_{安}$,方向朝右.

(2) 过程中的两棒所受安培力大小相同,获得与速度反向的加速度大小相同,故速度同步减小.

左棒速度先减为零,即先停止运动,此时右棒右行速度降为 $v_0$ (总动量守恒),便有

$$\mathscr{E}_{右}=Blv_0, \quad \mathscr{E}_{左}=0,$$

则 $\mathscr{E}'=\mathscr{E}_{左}+\mathscr{E}_{右}=Blv_0$,

$$I'=\frac{\mathscr{E}'}{2R}=\frac{Blv_0}{2R},$$

$$F'_{安}=I'Bl=\frac{B^2l^2v_0}{2R},$$

$F'_{安右}=F'_{安}$,方向朝左;  $F'_{安左}=F'_{安}$,方向朝右.

5. (18分) 如图所示,折射率 $n=\sqrt{2}$ 的长方透明板 $ABCD$ 的四周是空气,$AB$ 边长 $2\sqrt{3}a$,$BC$ 边长记为 $2x$. 点光源 $S$ 位于透明板中分线 $MN$ 上,$S$ 与 $AB$ 边相距 $a$,它朝着 $AB$ 边对称地射出两条光线,光线的方位角 $\theta_i$ 已在图中示出. 光线进入透明板后,只讨论经一次反射后从 $CD$ 边出射的光线.

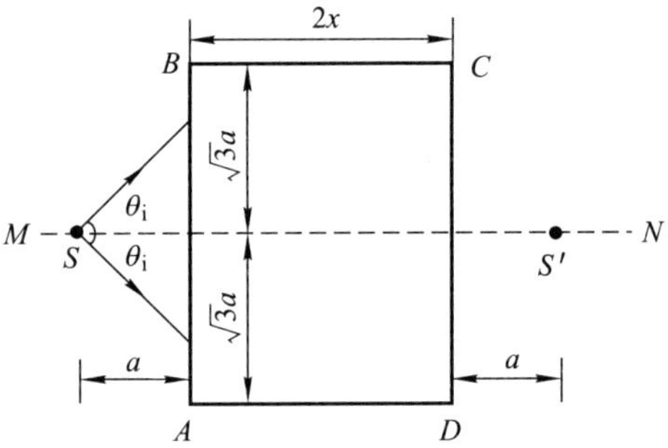

(1) 已知 $\theta_i=45°$ 时,两条出射光线相交于 $MN$ 上与 $CD$ 边相距 $a$ 的 $S'$ 点,试求 $x$ 值;

(2) 令 $\theta_i$ 从 $45°$ 单调增大,当 $\theta_i$ 接近但未达到 $60°$ 时,从 $CD$ 边出射的两条光线能否相交于 $CD$ 边的右侧?

**解** (1) 参考题解图 1,有

$$\sin\theta_i=n\sin\theta_t, \quad \theta_i=45°, \quad n=\sqrt{2},$$

得

$$\theta_t=30°,$$

且

$$x=(\sqrt{3}-1)a\cdot\cot\theta_t, \quad \cot\theta_t=\sqrt{3},$$

则得到

$$x=(3-\sqrt{3})a=1.268a\approx1.3a.$$

(2) 参考题解图 2，有

$$\sin\theta_t=\frac{\sin\theta_i}{n},$$

当 $\theta_i\to60°$，

$$\sin\theta_t\to\frac{\sqrt{6}}{4}.$$

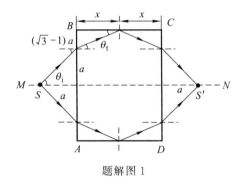
题解图 1

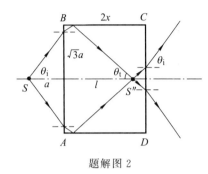
题解图 2

透明板内两条反射光线交点 $S''$ 与 $AB$ 边距离记为 $l$，则当 $\theta_i\to60°$ 有

$$l=\sqrt{3}a\cdot\cot\theta_t, \quad \cot\theta_t\to\sqrt{\frac{5}{3}}, \quad l\to\sqrt{5}a,$$

即有

$$2x>l>x.$$

可见 $S''$ 点在透明板中心的右侧，在 $CD$ 边的左侧，两条反射光经 $S''$ 点后仍通过 $CD$ 边出射，即出射后不能相交于 $CD$ 边的右侧．

6．(22分) 水平光滑大桌面上有一质量为 $M$ 的均匀圆环形细管道，管道内有两个质量同为 $m$ 的小珠，位于管道直径 $AB$ 的两端．开始时，环静止，两个小珠沿着朝右的切线方向，具有相同的初速度 $v_0$，如图所示．设系统处处无摩擦．

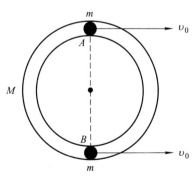

(1) 当两个小珠在管道内第一次相碰前瞬间，试求两个小珠之间的相对速度大小；

(2) 设碰撞是弹性的，试分析地判定两小珠碰后能否在管道内返回到原来的 $A$，$B$ 位置．

(3) 若能，再通过计算确定两小珠第一次返回到 $A$，$B$ 时，相对桌面的速度方向（朝左还是朝右）和速度大小．

**解** (1) 此时，管道与两小珠具有共同的右行速度，记为 $u_0$，两小珠相对管道的速度大小相同，记为 $v_\perp$．

有动量守恒

$$(M+2m)u_0 = 2mv_0,$$

则
$$u_0 = \frac{2m}{M+2m}v_0.$$

动能守恒
$$\frac{1}{2}(M+2m)u_0^2 + 2\times\frac{1}{2}mv_\perp^2 = 2\times\frac{1}{2}mv_0^2,$$

即
$$\frac{1}{2}\frac{4m^2}{M+2m}v_0^2 + mv_\perp^2 = mv_0^2,$$

有
$$v_\perp^2 = v_0^2 - \frac{2m}{M+2m}v_0^2 = \frac{M}{M+2m}v_0^2,$$

可得
$$v_\perp = \sqrt{\frac{M}{M+2m}}v_0.$$

由此知两小珠相对速度大小为 $2v_\perp = 2\sqrt{\frac{M}{M+2m}}v_0$.

（2）弹性碰撞后，两小珠相对管道速度反向，大小仍为 $v_\perp$，系统动能守恒. 如果不能返回 $A$，$B$，某时刻必相对管道停下，则根据动量守恒，此时管道与两小珠一起右行的速度为 $u_0 = \frac{2m}{M+2m}v_0$，系统动能为

$$\frac{1}{2}(M+2m)u_0^2 = \frac{2m}{M+2m}mv_0^2 < 2\times\frac{1}{2}mv_0^2.$$

这与系统动能守恒矛盾. 故碰后，两小珠必能返回到原来的 $A$，$B$ 位置.

（3）两小珠返回 $A$，$B$ 位置时，管道右行速度记为 $u$，小珠相对桌面朝右的速度记为 $v$（$v>0$，速度朝右；$v<0$，速度朝左）.

有动量守恒
$$Mu + 2mv = 2mv_0,$$

则
$$v = v_0 - \frac{M}{2m}u.$$

动能守恒
$$\frac{1}{2}Mu^2 + 2\times\frac{1}{2}mv^2 = 2\times\frac{1}{2}mv_0^2,$$

有
$$\frac{1}{2}Mu^2 + m\left(v_0 - \frac{M}{2m}u\right)^2 = mv_0^2, \quad 即 \quad \frac{M+2m}{2m}u^2 = 2v_0 u,$$

得两组解
$$\begin{cases} u_1 = 0, & v_1 = v_0; \\ u_2 = \frac{4m}{M+2m}v_0, & v_2 = \frac{2m-M}{M+2m}v_0. \end{cases}$$

小珠返回 $A$，$B$ 过程中，相对管道有朝左的运动速度，故小珠相对桌面的右行速度 $v$

(带正负号)必定小于管道相对桌面的右行速度 $u$,即必有 $v<u$.

第一组解 $v_1=v_0>0=u_1$,要舍去;

第二组解
$$v_2=\frac{2m-M}{M+2m}v_0<\frac{4m}{M+2m}v_0=u_2,$$

应选定.

结论如下:

$2m>M$ 时,小珠相对桌面速度方向朝右,$|v|=\dfrac{2m-M}{M+2m}v_0$;

$2m=M$ 时,小珠相对桌面速度为零,$|v|=0$;

$2m<M$ 时,小珠相对桌面速度方向朝左,$|v|=\dfrac{M-2m}{M+2m}v_0$.

# 2009 年试题

1. (14分)用底面积相同，高度分别为 $H_1$，$H_2$，密度分别为 $\rho_1$，$\rho_2$ 的两块小长方体连接而成的大长方体，竖直地放在密度为 $\rho_0$ 的液体中，平衡时液面恰好在 $\rho_1$，$\rho_2$ 的交界面位置，如图1所示．今让大长方体如图2所示倒立在 $\rho_0$ 液体中，将大长方体从静止释放后一瞬间，试问大长方体将朝什么方向运动？只考虑重力和浮力，试求此时大长方体运动的加速度大小 $a$（答案只能用 $H_1$，$H_2$ 和重力加速度 $g$ 表述）．

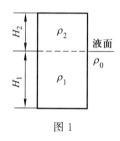

图1

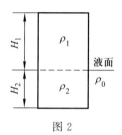

图2

**解** 由图1得力平衡方程：
$$H_1 S \rho_0 g = H_1 S \rho_1 g + H_2 S \rho_2 g,$$
其中 $S$ 为底面积，故
$$H_1 \rho_0 = H_1 \rho_1 + H_2 \rho_2.$$
对图2，设加速度 $a$ 向上为正，有
$$(H_1 S \rho_1 + H_2 S \rho_2) a = H_2 S \rho_0 g - (H_1 S \rho_1 g + H_2 S \rho_2 g) = (H_2 - H_1) S \rho_0 g,$$
即
$$a = \frac{H_2 - H_1}{H_1 \rho_1 + H_2 \rho_2} \rho_0 g = \frac{H_2 - H_1}{H_1} g.$$

分析得：

(1) 若 $H_2 > H_1$，则加速度 $a$ 竖直向上，大长方体向上运动，且 $a = \frac{H_2 - H_1}{H_1} g$；

(2) 若 $H_2 = H_1$，则加速度 $a = 0$；

(3) 若 $H_2 > H_1$，则加速度 $a$ 竖直向下，大长方体向下运动，且 $|a| = \frac{H_1 - H_2}{H_1} g$．

2. (16分)直径和高同为 $d$ 的不带盖小圆桶，用一根水平直杆与直径和高同为 $2d$ 的带盖大圆桶连接后，静止摆放在光滑水平地面上，它们的总质量为 $M$．大圆桶顶部边缘部位有一个质量为 $m$ 的小猴，此时小猴、两圆桶底部中心和直杆处于同一竖直平面内，如图所示．设小猴水平跳离大圆桶顶部，恰好能经过也处于运动状态的小圆桶上方圆周

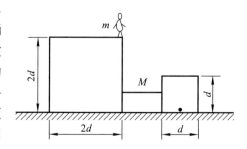

边缘部位后,落到小圆桶底部中央.

(1) 计算小猴从小圆桶上方边缘部位落到小圆桶底部中心所经时间 $\Delta t$;

(2) 试求直杆长度 $l$;

(3) 导出小猴跳离大圆桶时相对地面的速度 $v_m$.

**解** (1) 小猴从开始到经过小圆桶上方边缘部位所经时间记为 $\Delta t_0$,竖直方向运动方程有

$$d = \frac{1}{2}g\Delta t_0^2, \quad 2d = \frac{1}{2}g(\Delta t_0 + \Delta t)^2,$$

得到

$$\Delta t_0 = \sqrt{\frac{2d}{g}}, \quad \Delta t = \sqrt{\frac{4d}{g}} - \Delta t_0 = (\sqrt{2}-1)\sqrt{\frac{2d}{g}}.$$

(2) 引入圆桶系统的反向速度 $v_M$,水平方向运动方程有

$$(v_m + v_M)\Delta t_0 = l, \quad (v_m + v_M)\Delta t = \frac{d}{2},$$

得到

$$l = \frac{d}{2}\frac{\Delta t_0}{\Delta t} = \frac{d}{2}\frac{1}{\sqrt{2}-1} = \frac{d}{2}(\sqrt{2}+1).$$

(3) 动量守恒

$$Mv_M = mv_m,$$

得 $v_M = \frac{m}{M}v_m$,则

$$v_m + v_M = \frac{m+M}{M}v_m.$$

由水平方向运动方程

$$l = (v_m + v_M)\Delta t_0 = \frac{m+M}{M}v_m\sqrt{\frac{2d}{g}}, \quad 且 \ l = \frac{d}{2}(\sqrt{2}+1),$$

得到

$$v_m = \frac{\sqrt{2}+1}{2\sqrt{2}}\frac{M}{m+M}\sqrt{gd} = \frac{2+\sqrt{2}}{4}\frac{M}{m+M}\sqrt{gd}.$$

3. (18 分) 碰后动能之和等于碰前动能之和的碰撞,称为弹性碰撞.

(1) 质量分别为 $m_1$, $m_2$ 的两个物体,碰前速度 $v_{10}$, $v_{20}$,如图 1 所示,碰后速度分别记为 $v_1$, $v_2$,如图 2 所示.假设碰撞是弹性的,试列出可求解 $v_1$, $v_2$ 的方程组,并解之.

$m_1 \quad v_{10} \geqslant v_{20} \quad m_2 \quad v_{20}$  　　　　$m_1 \quad v_1 \quad\quad m_2 \quad v_2 \geqslant v_1$

图 1　　　　　　　　　　　　　图 2

(2) 光滑的水平桌面上有一半径为 $R$,内壁光滑的固定圆环,质量分别为 $m$, $2m$, $m$

的小球 A，B，C 在圆环内侧的初始位置和初始速度均在图 3 中示出，注意此时 B 球静止．已知各小球间发生的碰撞都是弹性的，试问经过多长时间，A，B，C 又第一次恢复到图 3 所示的位置和运动状态？

**解** （1）弹性碰撞，有动量守恒
$$m_1 v_1 + m_2 v_2 = m_1 v_{10} + m_2 v_{20};$$
能量守恒
$$\frac{1}{2}m_1 v_1^2 + \frac{1}{2}m_2 v_2^2 = \frac{1}{2}m_1 v_{10}^2 + \frac{1}{2}m_2 v_{20}^2.$$

得第一组解 $\begin{cases} v_1 = v_{10}, \\ v_2 = v_{20}, \end{cases}$ 为初态，舍去；

第二组解 $\begin{cases} v_1 = \dfrac{(m_1 - m_2)v_{10} + 2m_2 v_{20}}{m_1 + m_2}, \\ v_2 = \dfrac{(m_2 - m_1)v_{20} + 2m_1 v_{10}}{m_1 + m_2}, \end{cases}$ 即为所求．

图 3

（2）经时间
$$t_1 = \frac{\pi R}{3v_0} = \frac{1}{3}\frac{\pi R}{v_0},$$
A，B 相碰，碰后瞬间 A，B，C 位置和速度如题解图 1 所示．

经时间 $t_2 = \dfrac{40}{180}\dfrac{\pi R}{v_0} = \dfrac{2}{9}\dfrac{\pi R}{v_0}$，B，C 相碰，碰后瞬间 A，B，C 位置和速度如题解图 2 所示，图中 P 点为下一次 A，C 将要碰撞的位置．

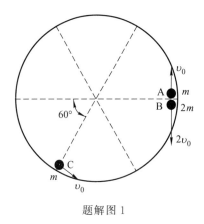

题解图 1

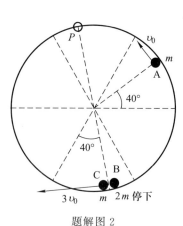

题解图 2

经时间 $t_3 = \dfrac{60}{180}\dfrac{\pi R}{v_0} = \dfrac{1}{3}\dfrac{\pi R}{v_0}$，A，C 相碰，碰后瞬间 A，B，C 位置和速度如题解图 3 所示．

可见系统经时间

$$t_0 = t_1 + t_2 + t_3 = \frac{8}{9}\frac{\pi R}{v_0}$$

转过 80°；因 80° 和 360° 的最小公倍数为 720°，故周期

$$T = \frac{720}{80}t_0 = \frac{8\pi R}{v_0}.$$

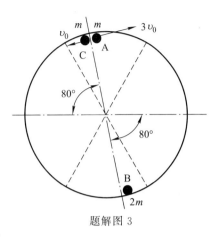

题解图 3

**4．（10 分）**什么是物体的内能？

从微观角度看，气体对容器壁的压强是什么原因引起的？

气体处于平衡状态时，内能 $U$，压强 $p$，温度 $T$ 和体积 $V$ 都是它的状态量．略去分子间的相互作用，若是 $T$ 不变，$V$ 增大，那么 $U$ 和 $p$ 如何变化？若是 $T$ 增大，$V$ 不变，那么 $U$ 和 $p$ 如何变化？

**解** （1）物体中所有分子的热运动动能与分子间势能的总和即物体的内能．

（2）气体对容器壁的压强是大量气体分子对容器壁的碰撞引起的．

（3）$T$ 不变，$V$ 增大时，$U$ 不变，$p$ 减少；

$T$ 增大，$V$ 不变时，$U$ 增大，$p$ 增大．

**5．（16 分）**4 块相同的正方形金属薄平板从左至右依次平行放置，任意两个相邻平板之间的距离都相等，且平板的边长远大于平板之间的间距．平板从左至右依次编号为 1，2，3，4，如图．其中第 1 块带净电荷 $q_1(<0)$，第 $n$ 块上的净电荷 $q_n = nq_1$，$n=1$，2，3，4．现将第 1 块和第 4 块板接地，忽略边缘效应．问：

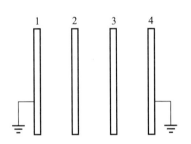

（1）从第 1 块板和第 4 块板流入大地的电荷量 $\Delta q_1$ 和 $\Delta q_4$ 分别为 $q_1$ 的多少倍？

（2）上述两板接地后，哪块板上的电势最低？求该电势的值，将其表示为两相邻极板之间的电容 $C$ 和 $q_1$ 的函数．

提示：金属板存在净电荷的面上的电荷可以当做均匀分布；一个电荷分布均匀的平面上单位面积所带的电荷称为面电荷密度 $\sigma$；在本题中，一个平面如果带有面密度为 $\sigma$ 的电荷，该电荷对平面两侧空间的电场强度的贡献 $E_0$ 垂直于该平面，大小为 $E_0 = \sigma/(2\varepsilon_0)$．

**解** （1）1 左侧接地

$$q_{1左} = 0,$$

设 $q_{1右} = q_0$，则

$$q_{2左} = -q_0, \quad q_{2右} = q_0 + q_2 = q_0 + 2q_1,$$
$$q_{3左} = -q_0 - q_2 = -q_0 - 2q_1, \quad q_{3右} = 3q_1 + 2q_1 + q_0 = 5q_1 + q_0,$$
$$q_{4左} = -5q_1 - q_0,$$

4 右侧接地

$$q_{4右} = 0.$$

因此，自左至右板间电场强度分别为（取向右为正）

$$\frac{q_0}{\varepsilon_0 S}, \quad \frac{2q_1+q_0}{\varepsilon_0 S}, \quad \frac{5q_1+q_0}{\varepsilon_0 S},$$

1 与 4 之间的电势差为

$$d\left(\frac{7q_1+3q_0}{\varepsilon_0 S}\right)=0,$$

所以

$$q_0=-\frac{7}{3}q_1,$$

$$\Delta q_1=q_1-q_0=q_1+\frac{7}{3}q_1=\frac{10}{3}q_1,$$

$$\Delta q_4=4q_1-q_{4\text{左}}=4q_1+5q_1+q_0=9q_1+q_0=\frac{20}{3}q_1.$$

（2）从左到右 3 个区域中的电场分别为：正，正，负.

因此，3 的电势最低，其电势

$$U_3=d\left(\frac{5q_1+q_0}{\varepsilon_0 S}\right)=d\,\frac{8q_1}{3\varepsilon_0 S}=\frac{8q_1}{3C}.$$

6．（10 分）7 根电阻均为 $R$ 的电阻丝，连成如图所示的电阻网络，试求 A，B 两点之间的等效电阻（需有求解过程）.

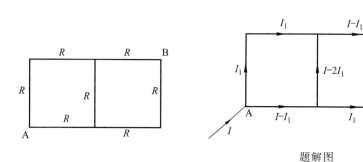

题解图

**解** 见题解图，基尔霍夫方程

$$2I_1R-(I-2I_1)R-(I-I_1)R=0,$$

即

$$5I_1R-2IR=0,$$

有

$$I_1=\frac{2}{5}I,$$

$$U_{AB}=2I_1R+(I-I_1)R=\frac{4}{5}IR+\frac{3}{5}IR=\frac{7}{5}IR,$$

$$R_{AB}=\frac{U_{AB}}{I}=\frac{7}{5}R.$$

7. (16分)(1) 已知基态 $He^+$ 的电离能为 $E=54.4$ eV，为使处于基态的静止的 $He^+$ 跃迁到激发态，入射光子所需的最小能量是多少？

(2) 静止的 $He^+$ 从第一激发态跃迁到基态时，如果考虑到离子的反冲，与不考虑反冲相比，发射出的光子波长相差的百分比是多少？（离子 $He^+$ 的能级 $E_n$ 与 $n$ 的关系和氢原子能级公式类似．电子电荷的大小取 $1.60×10^{-19}$ C，质子和中子质量均取 $1.67×10^{-27}$ kg.）

**解** (1) 所需的最小能量
$$E_m = E\left(\frac{1}{1^2}-\frac{1}{2^2}\right) = 54.4 \times \frac{3}{4} \text{ eV} = 40.8 \text{ eV}.$$

(2) 不考虑反冲，发出的光子波长为 $\nu_0$，则有 $E_m = h\nu_0$．考虑反冲时，发出的光子波长为 $\nu$，则由能量守恒和动量守恒，
$$E_m = h\nu + \frac{1}{2}m\upsilon^2,$$
$$m\upsilon = \frac{h\nu}{c},$$
$$\frac{|\Delta\lambda|}{\lambda_0} \approx \frac{|\lambda-\lambda_0|}{\lambda_0} = \frac{|\nu_0-\nu|}{\nu} = \frac{|h\nu_0-h\nu|}{h\nu}$$
$$= \frac{\frac{1}{2}m\upsilon^2}{m\upsilon c} = \frac{m\upsilon c}{2mc^2} = \frac{h\nu}{2mc^2} \approx \frac{h\nu_0}{2mc^2}$$
$$= \frac{40.8 \times 1.60 \times 10^{-19}}{2 \times 4 \times 1.67 \times 10^{-27} \times (3 \times 10^8)^2} = 5.4 \times 10^{-9}.$$

# 2010 年试题

1. (14 分)四个小球放在光滑的水平面上,如图所示. 两边的小球分别以 $v_0$ 和 $0.8v_0$ 向两侧匀速运动. 中间两个小球静止,小球 1 质量为 $m$,小球 2 质量为 $2m$. 中间两球之间放置一个压缩的轻弹簧,所具有的弹性势能为 $E_p$.

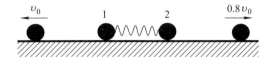

(1) 弹性势能完全释放后,小球 1 和 2 分离后的速度分别是多少?

(2) 若要求中间左侧的小球 1 能追上向左运动的小球,而中间右侧的小球 2 不能追上向右运动的小球,试确定 $m$ 的取值范围.

**解** (1) 由能量守恒和动量守恒,

$$\frac{1}{2}m_1v_1^2 + \frac{1}{2}m_2v_2^2 = E_p,$$

$$m_1v_1 = m_2v_2,$$

$$m_1 = m, \quad m_2 = 2m,$$

$$\Rightarrow v_1 = 2\sqrt{\frac{E_p}{3m}}, \quad v_2 = \sqrt{\frac{E_p}{3m}}.$$

(2) 欲使 $v_1 > v_0$,即

$$2\sqrt{\frac{E_p}{3m}} > v_0, \quad \Rightarrow \quad \sqrt{\frac{E_p}{3m}} > \frac{v_0}{2}, \quad \Rightarrow \quad m < \frac{4E_p}{3v_0^2};$$

欲使 $v_2 < \frac{4}{5}v_0$,即

$$\sqrt{\frac{E_p}{3m}} < \frac{4}{5}v_0, \quad \Rightarrow \quad m > \frac{25E_p}{48v_0^2}.$$

故

$$\frac{4E_p}{3v_0^2} > m > \frac{25E_p}{48v_0^2}.$$

2. (18 分)斜抛运动. (1) 平抛运动的逆向运动,再接上一段平抛运动,便成图示的斜抛运动. 将斜抛运动初速度大小记为 $v$,抛射角记为 $\theta$,试求图中标出的水平射程 $s$.

(2) 一质量为 $M$ 的人,手持质量为 $m$ 的球,站在水平光滑的冰面上,以相对自身的速度 $v_0$ 斜向上抛出小球. 若要求球落在与抛出点相同的高度时,与起抛点相距 $L$,速度 $v_0$ 至少多大?相对人斜抛出的与水平方向的角度此时又是多大?

**解** (1) 竖直方向上,$v_{y0} = v\sin\theta$,上升、下落时间

$$\Delta t = 2\frac{v_{y0}}{g} = \frac{2v\sin\theta}{g},$$

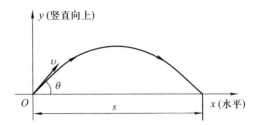

水平方向
$$v_x = v\cos\theta,$$
得
$$s = v_x \Delta t = \frac{2v^2 \sin\theta\cos\theta}{g} = \frac{v^2 \sin 2\theta}{g}.$$

(2) 相对地面，水平方向动量守恒
$$Mv_M = mv_{m//}, \quad \Rightarrow \quad v_M = \frac{m}{M} v_{m//},$$

球相对人
$$v_{0\perp} = v_0 \sin\theta,$$
$$v_{0//} = v_0 \cos\theta, \quad v_{0//} = v_{m//} + v_M = \frac{M+m}{M} v_{m//},$$
$$\Rightarrow \quad v_{m//} = \frac{M}{M+m} v_{0//} = \frac{M}{M+m} v_0 \cos\theta.$$

球相对地面斜抛运动：上升、下落时间
$$\Delta t = 2\frac{v_{m\perp}}{g} = \frac{2v_{0\perp}}{g} = \frac{2v_0 \sin\theta}{g},$$
$$L = v_{m//} \Delta t = \frac{M}{M+m} \frac{2v_0^2 \sin\theta\cos\theta}{g} = \frac{M}{M+m} \frac{v_0^2 \sin 2\theta}{g},$$
$$\Rightarrow \quad v_0^2 = \frac{M+m}{M} \frac{gL}{\sin 2\theta},$$

$\theta = 45°$ 时取最小值，有
$$v_{0\min} = \sqrt{\frac{(M+m)gL}{M}}.$$

3. (16 分) 一个质量为 $m$、边长为 $b$ 的正方形箱子放置在地面上，如图所示. 若要求在箱子的左上顶点施力，向前、向后使箱子在图示平面内翻转，而箱子并不滑动. 试问向前、向后的最小作用力分别是多少？相应的最小摩擦系数又是多少？

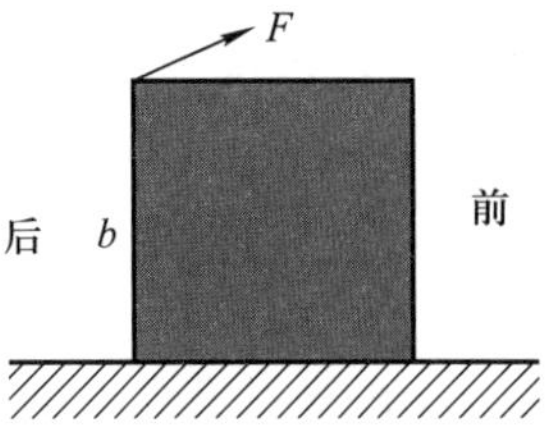

**解** 参考题解图 1，欲求向前推的最小作用力 $\boldsymbol{F}_1$，应取能使力臂最长的力作用方向：

$$F_1\sqrt{2}\,b = mg\frac{b}{2},$$

$$\Rightarrow\quad F_1 = \frac{mg}{2\sqrt{2}}.$$

为使箱子不动，要求

$$F_1\cos 45° \leqslant \mu_1(mg - F_1\sin 45°),$$

$$\Rightarrow\quad \mu_1 \geqslant \frac{1}{3}.$$

参考题解图 2，向后推的最小作用力 $F_2$ 沿水平方向：

$$F_2 b = mg\frac{b}{2},$$

$$\Rightarrow\quad F_2 = \frac{1}{2}mg.$$

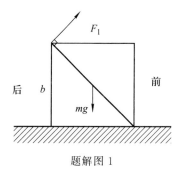

题解图 1

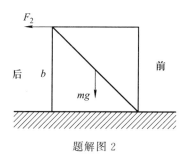

题解图 2

为使箱子不动，要求

$$F_2 \leqslant \mu_2 mg,$$

$$\Rightarrow\quad \mu_2 \geqslant \frac{1}{2}.$$

4.（12分）一定质量的理想气体，其状态变化曲线如图所示，由状态 A 经 B，C，再回到 A，AB 为等温过程，BC 为等压过程，CA 为等容过程．

(1) 哪一个过程，气体对外作功的绝对值最大？

(2) 哪一个过程，气体内能减少？哪一个过程气体内能增加？

(3) 对于 BC 和 CA 两个过程，哪一个过程吸热或放热的绝对值较大？

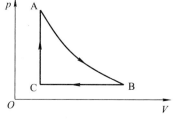

**解** (1) 可以从过程曲线到横轴之间的面积大小判断：AB 等温过程中气体对外作功的绝对值最大，因为它与 V 轴所夹面积最大．

(2) BC 等压压缩过程中，气体体积和温度均降低，是内能减少的过程；

CA 等容过程中，气体温度和压强同步增加，是内能增加的过程．

(3) 分别比较两个过程的作功和内能变化，推断哪个过程的吸热或放热量更大．CA 过程作功为零，因此内能增加就等于吸热的量；BC 过程内能减少，同时外界还对其作功，是一个放热过程，放热量等于内能减少和外界作功之和；由于 A 和 B 具有相同的温度，可以推断 CA 内能增加量与 BC 内能减少量相同，进而得知 BC 过程放热的绝对值大，CA 过程吸热的绝对值小．

本题考点：热力学第一定律在理想气体中的应用(等容、等压、等温、绝热过程).

5.(10 分)如图所示的正四面体的每一条棱的电阻均为 $R$，求两顶点 $A$，$B$ 之间的电阻．

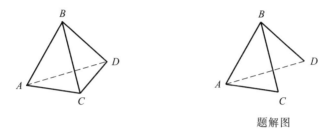

题解图

**解** 因为 $C$，$D$ 对称，因此 $CD$ 棱的电阻可以去掉(如题解图)；即 $A$，$B$ 之间的电阻可以看成 3 条棱的并联，等效为 $R_{AB}$：

$$\frac{1}{R_{AB}} = \frac{1}{R} + \frac{1}{2R} + \frac{1}{2R},$$

可得 $R_{AB} = \dfrac{R}{2}$．

6.(14 分) 两条平行导线相距 $l = 70$ cm，通过 $R = 0.3\ \Omega$ 的电阻连接在一起，如图所示．均匀的磁场垂直于纸面向里，磁感应强度 $B = 0.5$ T．另一条导线横跨在两条导线上，$C$ 和 $D$ 是这条导线与前所述的两条导线的交点，$CD$ 导线以匀速 $v = 0.4$ m/s 向右运动，求：

(1) 闭合回路中的感应电动势 $\mathcal{E}$．

(2) 电阻 $R$ 上消耗的功率．

(3) 忽略摩擦力，确定如果需要保持导线 $CD$ 匀速运动，需要施加的作用力的大小和方向．

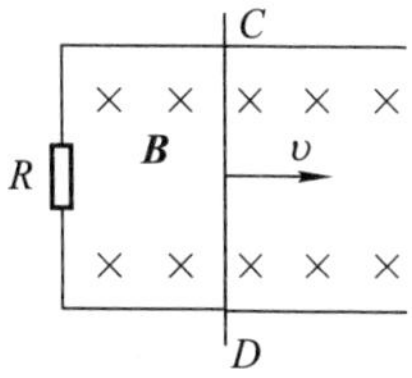

**解** (1) $\mathcal{E} = Blv = 0.4 \times 0.5 \times 0.7$ V $= 0.14$ V，逆时针方向．

(2) $P = \dfrac{\mathcal{E}^2}{R} = (0.14 \times 0.14 / 0.3)$ W $= 0.065$ W，或 $49/750$ W．

(3) $I = \dfrac{\mathcal{E}}{R}$，

$F = IBl = \dfrac{\mathcal{E} Bl}{R} = (0.5 \times 0.7 \times 0.14 / 0.3)$ N $= 0.16$ N，或 $49/300$ N，

作用力方向与导线运动方向相同，即如图中所示向右．

7.(16 分) 在如图所示的 $Oxy$ 坐标平面中，$y \geq 0$ 区域存在均匀磁场，磁感应强度矢量 $\boldsymbol{B}$ 垂直于坐标平面向内；$y < 0$ 区域存在均匀电场，电场强度矢量 $\boldsymbol{E}$ 平行于 $y$ 轴向下，即

平行于 $y$ 轴负方向. 质量为 $m$、电量为 $-q(q>0)$ 的带电粒子在上述平面运动，开始时质点位于坐标原点 $O$，初速度方向与 $x$ 轴夹角为 $\phi(0<\phi<\pi)$，大小为 $v$. 设 $P$ 和 $Q$ 点的坐标分别为 $(x=3l, y=0)$ 和 $(x=0, y=4l)$，不考虑重力，为使质点 $m$ 而后的运动为过坐标原点 $O$ 和 $Q$，$P$ 这3个点的闭合曲线，以 $m$，$q$，$B$ 为已知量，试求：

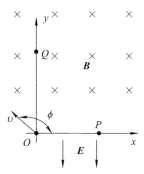

(1) $\phi$ 和 $v$；

(2) $E$.

**解** (1) 在 $y \geq 0$ 区域，粒子的运动轨道必定是过 $O$，$Q$，$P$ 点的大圆弧. 考虑到 $\triangle OQP$ 为各边长 $3l$，$4l$，$5l$ 的直角三角形，圆心在斜边 $QP$ 的中心 $C$，半径 $R = 2.5l$. 参考题解图1，可得

$$\phi = \frac{\pi}{2} + \alpha = \frac{\pi}{2} + \arcsin\frac{4}{5}.$$

再由 $\dfrac{mv^2}{R} = qvB$，得

$$v = \frac{qBR}{m} = 2.5\frac{qBl}{m}.$$

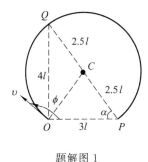 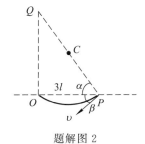

题解图1　　　　　　　　题解图2

(2) 在 $y < 0$ 区域，粒子的运动轨道必定是过 $P$，$O$ 点的类抛物线运动曲线. 参考题解图2，类比于抛物运动，有初速度大小为 $v$，抛射角 $\beta = \pi/2 - \alpha$.

类重力

$$F = qE \quad (\text{类比于重力 } mg),$$

类重力加速度

$$a = \frac{F}{m} = \frac{qE}{m} \quad (\text{类比于重力加速度 } g),$$

类水平射程

$$L = 3l,$$

类水平射程公式

$$L = \frac{v^2 \sin 2\beta}{a} = \frac{2mv^2 \sin\beta \cos\beta}{qE},$$

$$\sin\beta = \frac{3}{5}, \quad \cos\beta = \frac{4}{5},$$

得 $E = \dfrac{8mv^2}{25lq} = \dfrac{2qB^2l}{m}$.

# 2011年试题

1. (14分)如图所示,在倾角为锐角的斜面上,与底部相距 $L$ 处,固定着一根自身高度为 $H$ 的灯柱,灯柱与斜面垂直,顶端亮着一盏小灯泡.靠着灯柱垂直斜面立着一个宽度可略,自身高度为 $h<H$ 的矩形物块.将物块从静止自由释放后,假设物块沿斜面无摩擦下滑过程中不会倾斜.当物块顶部 P 在斜面上的影子到达斜面底部前瞬间,试求:

(1) 物块已通过的路径 $l$;

(2) 此时 P 的影子移动速度 $v$ 和加速度 $a$.

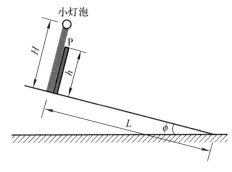

**解** (1) 参考题解图,由

$$\frac{h}{H}=\frac{L-l}{L},$$

得 $l=\frac{H-h}{H}L$.

(2) 由(1)问解答,对时间 $t$ 求导,得

$$v=\frac{H}{H-h}v_{物}, \quad a=\frac{H}{H-h}a_{物},$$

将 $a_{物}=g\sin\phi$,$v_{物}=\sqrt{2gl\sin\phi}$ 代入,得

$$v=\frac{H}{H-h}\sqrt{2gl\sin\phi}=\frac{H}{H-h}\sqrt{2g\frac{H-h}{H}L\sin\phi}$$

$$=\sqrt{2gL\sin\phi\frac{H}{H-h}},$$

$$a=\frac{H}{H-h}g\sin\phi.$$

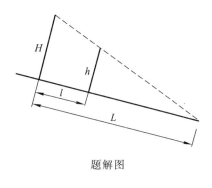

题解图

2. (14分)如图所示,倾角 $\phi=30°$ 的固定斜坡长 $L$,右侧面处于竖直方位.一根短而轻的弹簧被两端质量分别为 $m_1=2m$,$m_2=m$ 的两个小木块压紧后,一起静止放置在斜坡某处,两个小木块与斜坡的摩擦系数为 $\mu=1/\sqrt{3}$.$t=0$ 时刻将此系统自由释放后,极短时间内弹簧迅速将两个小木块推开,假设而后弹簧不会影响木块运动.木块1沿斜坡向上运动,到达顶端时速度恰好降为零,

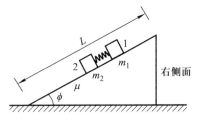

随即竖直下落,到达斜坡右侧面底部的水平地面时,速度大小记为 $v_1$,时刻记为 $t_1$.木块2沿斜坡向下运动,到达底部时的速度大小记为 $v_2$,时刻记为 $t_2$.已知 $v_1=v_2$.

(1) 试求弹簧释放的弹性势能 $E_p$(答案中不可含有 $v_1$,$v_2$ 和 $t_1$,$t_2$);

(2) 再求 $t_1:t_2$(答案中不可含有 $v_1$,$v_2$).

**解** (1) 由动量守恒,可设木块1,2的初速度大小分别为 $v_0$ 和 $2v_0$.

木块1落地速度大小

$$v_1 = \sqrt{2gL\sin\phi} = \sqrt{gL}.$$

木块 2 下行加速度

$$a_2 = g\sin\phi - \mu g\cos\phi = 0,$$

则有落地时速度大小仍为 $2v_0$，即得

$$2v_0 = v_1 = \sqrt{gL},$$

$$\Rightarrow\quad v_0 = \frac{\sqrt{gL}}{2}.$$

初始时弹簧释放势能为

$$E_p = E_k = \frac{1}{2}(2m)v_0^2 + \frac{1}{2}m(2v_0)^2 = 3mv_0^2,$$

$$\Rightarrow\quad E_p = \frac{3}{4}mgL.$$

（2）木块 1 上行时的向下加速度

$$a_1 = g\sin\phi + \mu g\cos\phi = g.$$

从开始经过时间

$$t_{11} = \left(\frac{v_0}{g}\right)\bigg|_{v_0 = \frac{\sqrt{gL}}{2}} = \frac{1}{2}\sqrt{\frac{L}{g}}$$

到达斜坡上端，再经过时间

$$t_{12} = \sqrt{\frac{2L\sin\phi}{g}} = \sqrt{\frac{L}{g}}$$

到达地面．相加即得

$$t_1 = t_{11} + t_{12} = \frac{3}{2}\sqrt{\frac{L}{g}}.$$

$t = 0$ 时，木块 1 与斜坡顶端间距为

$$l_1 = \frac{v_0^2}{2a_1} = \frac{L}{8},$$

木块 2 与斜坡底部间距便为

$$l_2 = L - l_1 = \frac{7}{8}L,$$

得到

$$t_2 = \frac{l_2}{2v_0} = \frac{7}{8}\sqrt{\frac{L}{g}},$$

$$\Rightarrow\quad t_1 : t_2 = \frac{12}{7}.$$

3.（10 分）一条粗细均匀，质量为 $m$，电阻率为 $\rho$ 的金属导线首尾相接，绕成图示的半径为 $r$ 的圆，圆平面始终位于某一竖直平面内．图中所示的水平面以下有垂直于圆平面朝内的均匀磁场 $B$，图中所示的水平面以

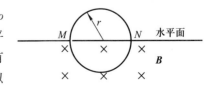

上磁场为 0. 金属导线横截面积为 $S$. 设初始时刻圆环刚好一半进入磁场，即圆环的一条直径 $MN$ 恰好位于水平面上，且以 $v_0$ 速度向下运动，求刚开始运动后圆环的加速度，忽略导线圆环的自感及形变.

**解**
$$\mathscr{E} = B \cdot 2r \cdot v_0,$$
$$I = \frac{\mathscr{E}}{R} = \frac{\mathscr{E}S}{\rho \cdot 2\pi r} = \frac{BSv_0}{\pi\rho}.$$
$$F = IB \cdot 2r = \frac{2B^2 S v_0 r}{\pi\rho},$$
$$a = g - \frac{F}{m} = g - \frac{2B^2 S v_0 r}{\pi\rho m},$$

若 $a > 0$，圆环加速度向下；若 $a < 0$，圆环加速度向上.

4. (21分) 直流电路及其中元件参量，如图所示.

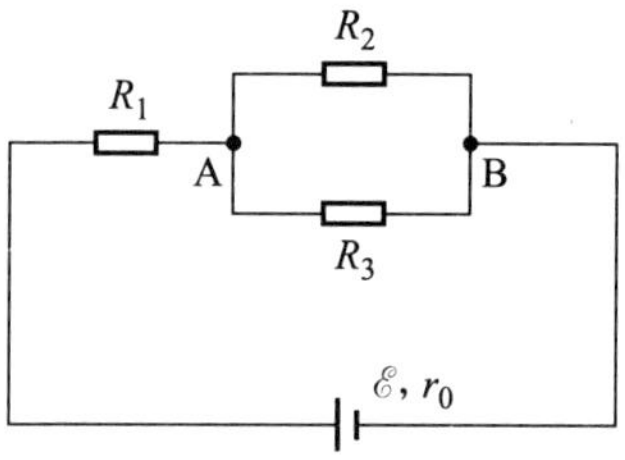

(1) 设电流在电源内阻 $r_0$，外电阻 $R_1$，$R_2$，$R_3$ 上消耗的电功率 $P_0$，$P_1$，$P_2$，$P_3$ 相同，引入比例系数 $\alpha_1 = R_1/r_0$，$\alpha_2 = R_2/r_0$，$\alpha_3 = R_3/r_0$，试求 $\alpha_1$，$\alpha_2$，$\alpha_3$.

(2) 保留(1)问所设，对于已给定的 $\mathscr{E}$，$r_0$，试求图中 A，B 两点间电压 $U_{AB}$.

(3) 取消(1)问所设，改设 $R_1 = R_2 = R_3 = R$，对于给定的 $\mathscr{E}$，$r_0$，试问 $R$ 取何值时，电源为外电路输出的总功率达极大值？

**解** (1) 由
$$P = I^2 R,$$
已知 $P_1 = P_0$，而 $I$ 相同，

得
$$R_1 = r_0, \quad \Rightarrow \quad \alpha_1 = 1.$$

由
$$P = \frac{U^2}{R},$$
已知 $P_2 = P_3$，而 $U$ 相同，

得
$$R_2 = R_3, \quad \text{则 } R_2, R_3 \text{ 并联总电阻 } R_{23} = \frac{R_2}{2}.$$

由
$$P = I^2 R,$$
又已知 $R_2$，$R_3$ 并联总功率 $P_{23} = P_2 + P_3 = 2P_0$，$R_{23}$ 与 $R_1$，$r_0$ 串联回路中，$I$ 相同，

得
$$R_{23} = 2r_0, \quad \Rightarrow \quad R_2 = R_3 = 4r_0,$$
$$\Rightarrow \quad \alpha_2 = \alpha_3 = 4.$$

(2) 回路总电阻 $R_{总} = r_0 + R_1 + R_{23} = 4r_0$，

$$I = \frac{\mathscr{E}}{R_{\text{总}}} = \frac{\mathscr{E}}{4r_0},$$

$$\Rightarrow U_{AB} = IR_{23} = \frac{\mathscr{E}}{2}.$$

(3) $R_{23} = \frac{R}{2}$, $R_{\text{外}} = R_1 + R_{23} = \frac{3}{2}R$,

$$I = \frac{\mathscr{E}}{R_{\text{外}} + r_0},$$

$$P_{\text{外总}} = I^2 R_{\text{外}} = \frac{\mathscr{E}^2 R_{\text{外}}}{(R_{\text{外}} + r_0)^2} = \frac{\mathscr{E}^2}{\left(\sqrt{R_{\text{外}}} + \frac{r_0}{\sqrt{R_{\text{外}}}}\right)^2}.$$

由

$$\sqrt{R_{\text{外}}} + \frac{r_0}{\sqrt{R_{\text{外}}}} \geq 2\sqrt{\sqrt{R_{\text{外}}} \frac{r_0}{\sqrt{R_{\text{外}}}}} = 2\sqrt{r_0}$$

可知，当 $\sqrt{R_{\text{外}}} = \frac{r_0}{\sqrt{R_{\text{外}}}}$ 时，$\sqrt{R_{\text{外}}} + \frac{r_0}{\sqrt{R_{\text{外}}}}$ 取得极小值，$P_{\text{外总}}$ 取得极大值，故当

$$R_{\text{外}} = r_0,$$

即

$$\frac{3}{2}R = r_0, \quad \Rightarrow \quad R = \frac{2}{3}r_0$$

时，$P_{\text{外总}}$ 取得极大值.

5. (14分) 相对论中，静止物体的质量称为静质量，记为 $m_0$，静止物体内含的全部能量称为静能，记为 $E_0$，有 $E_0 = m_0 c^2$，其中 $c$ 为真空光速. 运动物体的质量称为动质量，记为 $m$，有 $m = m_0 / \sqrt{1 - \frac{u^2}{c^2}}$，其中 $u$ 是物体运动速率. 运动物体具有的全部能量称为总能量，记为 $E$，有 $E = mc^2$，具有的动能便为 $E_k = E - E_0$. 今有静质量同为 $m_0$ 的两个小物体 $A_1$，$A_2$，开始时 $A_2$ 静止，$A_1$ 以 $3c/5$ 的速度朝着 $A_2$ 运动，与 $A_2$ 碰撞后形成一个新的物体 C，整个过程动量守恒且没有任何形式能量耗散掉(即总能量守恒). 试求：

(1) 碰后瞬间 C 的速度大小 $u$；

(2) 系统动能减少量 $E_{k\text{减}}$.

**解** (1) 碰前，$A_1$，$A_2$ 动质量

$$m_1 = \frac{m_0}{\sqrt{1 - \frac{u_1^2}{c^2}}} = \frac{5}{4}m_0, \quad m_2 = m_0,$$

碰后 C 的动质量记为 $M$，由动量守恒方程

$$Mu = m_1 u_1 = \frac{3}{4}m_0 c,$$

能量守恒方程

$$Mc^2 = m_1c^2 + m_2c^2 = \frac{9}{4}m_0c^2,$$

得 $M = \frac{9}{4}m_0$,$u = \frac{1}{3}c$.

(2) C 的静质量为

$$M_0 = \sqrt{1 - \frac{u^2}{c^2}}M = \frac{3}{\sqrt{2}}m_0.$$

碰撞过程中动能减少量转化为系统静能的增加量,有

$$E_{k减} = M_0c^2 - 2m_0c^2,$$

$$\Rightarrow E_{k减} = \frac{3 - 2\sqrt{2}}{\sqrt{2}}m_0c^2 = 0.121m_0c^2.$$

6.(21 分)已知 α 粒子,³He 原子核,D 原子核,质子 p,中子 n 的质量各为 4.002 6u,3.016 0u,2.014 1u,1.007 8u,1.008 7u,其中 u 为原子质量单位,电子电量的大小为 $1.602\,2 \times 10^{-19}$ C,光在真空中的传播速度为 $3.0 \times 10^8$ m/s,¹²C 原子的质量为 $2.0 \times 10^{-26}$ kg(u = $1.661 \times 10^{-27}$ kg).

(1) 由核子聚变生成 α 粒子,求 α 粒子的质量亏损,结果以 u 为单位表示出来,最终数值保留到小数点后第 3 位.

(2) 一个质子 p 和一个 D 核发生聚变反应生成 ³He,参加反应的粒子在反应前后的动能可以忽略,求该反应放出的能量,结果用 MeV 表示,最终结果保留 2 位有效数字.从原子质量单位向 MeV 的换算需要从题中的已知量出发,给出计算过程.

(3) 由 1 kg 质子(p)和 1 kg 中子(n)发生聚变反应,生成 D 核,反应释放出的能量可以供一个平均消耗能量功率为 $1.0 \times 10^8$ W 的城市使用多少天?最终结果保留 2 位有效数字,单位之间的换算需要从题中的已知量出发,给出计算过程.

**解** (1) $(2m_p + 2m_n) - m_\alpha = 0.030\,4u \approx 0.030u$.

(2) $\Delta m = (m_p + m_D) - m_{^3He} = 0.005\,9u = 9.800 \times 10^{-30}$ kg,

$$\Delta E = \Delta mc^2 = \frac{9.800 \times 10^{-30} \times (3 \times 10^8)^2}{1.602\,2 \times 10^{-19}} \text{ eV} = 5\,504\,930.72 \text{ eV} = 5.504\,9 \text{ MeV} \approx 5.5 \text{ MeV}.$$

(3) 单个反应释放能量为 $[(m_p + m_n) - m_D]c^2 = 3.587\,8 \times 10^{-13}$ J,

1 kg 中子对应的总反应数 = $\frac{1 \text{ kg}}{1.008\,7 \times 1.661 \times 10^{27} \text{ kg}}$,故对应的使用天数为

$$\frac{1 \text{ kg}}{1.008\,7 \times 1.661 \times 10^{-27} \text{ kg}} \times \frac{3.587\,8 \times 10^{-13} \text{ J}}{(1.0 \times 10^8 \text{ W}) \times (24 \times 3600 \text{ s})} = 24.78 \approx 25,$$

即可使用 25 天.

# 2012 年试题

**一,选择题(单项选择,每题 4 分,共 12 分)**

1. 两质量相同的人造地球卫星,绕地球作匀速圆周运动的轨道半径之比为 $R_1:R_2 = 1:2$,则如下说法正确的是( ):
   A. 两卫星的加速度大小之比为 $a_1:a_2 = 2:1$;
   B. 两卫星的速度大小之比为 $v_1:v_2 = 2:1$;
   C. 两卫星的轨道周期之比为 $T_1:T_2 = 2:1$;
   D. 两卫星的动能大小之比为 $E_{k1}:E_{k2} = 2:1$.

   **解** 选 D

2. 如图所示,通有恒定电流的长直导线 MN 右侧放置一个矩形导线框架 abcd,其中 ad 边与导线 MN 平行.在下列几种情况下,导线框内不能产生感应电流的是( ):
   A. 线框以直导线 MN 为轴旋转;
   B. 线框以 ad 边为轴旋转;
   C. 线框以 ab 边为轴旋转;
   D. 线框沿图平面朝右平动.

   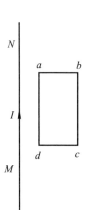

   **解** 选 A

3. 在厚度相同的均匀密度铁板上,切割出质量相同的一个圆铁环 a 和一个圆铁板 b,将 a,b 竖直立于地面上,a,b 温度相同,设 a,b 不与地面和空气交换热量.现对 a,b 输入相同的热量后,则关于 a,b 的温度说法正确的是( ):
   A. a 高;
   B. b 高;
   C. a,b 一样高;
   D. 既可能 a 高,也可能 b 高.

   **解** 选 B

**二,填空题(每题两空,每空 3 分,共 18 分)**

4. 一个质量为 $m_0$、初速大小为 $v_0$ 的小球 1,与另一个质量 $M$ 未知,静止的小球 2 发生弹性碰撞.若碰后球 1 的速度反向,大小为初速的一半,则待测质量 $M = \underline{\qquad}$;若碰撞后球 1 的速度方向不变,大小为初速的三分之一,则 $M = \underline{\qquad}$.

   **解** (1) $3m_0$;(2) $m_0/2$

5. 如图,两平面反射镜 A 和 B 斜交,交点为 O,两镜夹角为 $36°$,两反射镜的反射面相对.在两反射镜之间有一物点 P,观察者位于两镜之间,观察者在 A 镜中最多可以看到 $\underline{\qquad}$ 个 P 点像,在 B 镜中最多可以看到 $\underline{\qquad}$ 个 P 点像.

   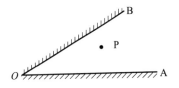

   **解** (1) 5;(2) 5

6. 固定在地面上的两激光器 A 和 B 相距为 $l_0$，有大木板平行、贴近地面以速度 $v=0.6c$ 相对地面沿 A，B 连线方向高速运动．地面参考系某时刻，两激光器同时发射激光在运动木板上形成点状灼痕 A′和 B′．此后，让大木板缓慢减速至静止后，测量两灼痕间距为 $l=$ _____ $l_0$．随原木板高速运动的惯性参考系的观察者认为，两束激光不是同时发出的，应存在发射时间差 $\Delta t'=$ _____ $l_0/c$．

**解** （1）1.25；（2）0.75

### 三、计算题（共 70 分）

7. （10 分）两个相同的电容器 A 和 B 如图连接，它们的极板均水平放置．当它们都带有一定电荷并处于静电平衡时，电容器 A 中的带电粒子恰好静止．现将电容器 B 的两极板沿水平方向移动使两极板错开，移动后两极板仍处于水平位置，且两极板的间距不变．已知这时带电粒子的加速度大小为 $g/2$，求 B 的两个极板错开后正对着的面积与极板面积之比．设边缘效应可忽略．

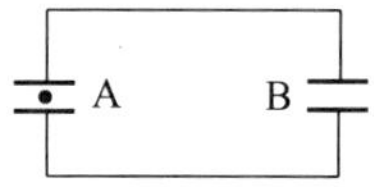

**解** 未错开时，
$$C_A = C_B,$$
$$q_A = q_B.$$
如果错开后，正对着的面积占总面积的比例为 $r$，则
$$C'_B = rC_B,$$
由于这时两个电容器的电压相等，所以
$$q'_A/C_A = q'_B/C'_B = \frac{1}{r}q'_B/C_B,$$
则有
$$q'_B = rq'_A,$$
$$q'_A + q'_B = q'_A + rq'_A = (1+r)q'_A = 2q_A.$$
解出
$$q'_A = \frac{2}{1+r}q_A,$$
$$E'_A = \frac{2}{1+r}E_A.$$
这时，带电粒子受到的静电力为
$$F'_e = \frac{2}{1+r}qE_A,$$
粒子受力为
$$F'_A = F'_e - mg = \frac{2}{1+r}qE_A - mg = \frac{2}{1+r}mg - mg = \frac{1-r}{1+r}mg,$$
得加速度为
$$a = \frac{1-r}{1+r}g = \frac{1}{2}g.$$
由此解得
$$2 - 2r = 1 + r,$$

则有 $r=1/3$.

8. (20 分)车轮是人类在搬运东西的劳动中逐渐发明的,其作用是使人们能用较小的力量搬运很重的物体. 假设匀质圆盘代表车轮,其他物体取一个正方形形状的物体作为代表. 我们现在就比较在平面和斜面两种情形下,为使它们运动(平动,滚动等)所需要的最小作用力. 假设圆盘半径为 $b$,正方形物体的每边长也为 $b$,它们的质量都是 $m$,它们与地面或斜面的摩擦系数都是 $\mu$,给定倾角为 $\theta$ 的斜面.

(1) 使圆盘在平面上运动几乎不需要作用力. 使正方形物体在平面上运动,需要的最小作用力 $F_1$ 是多少?

(2) 在斜面上使正方形物体向上运动所需要的最小作用力 $F_2$ 是多少?

(3) 在斜面上使圆盘向上运动所需要的最小作用力 $F_3$ 是多少?限定 $F_3$ 沿斜面方向.

**解** (1) 设作用力 $F_1$ 与水平面的夹角为 $\beta$,$N$ 为地面对物体的支持力.

竖直方向
$$N = mg - F_1 \sin\beta,$$

水平方向
$$F_1 \cos\beta = \mu N,$$

由此得到
$$F_1(\cos\beta + \mu\sin\beta) = \mu mg.$$

$F_1$ 取最小的条件是
$$\sin\beta = \mu\cos\beta,$$

最后得到
$$F_1 = \frac{\mu mg}{\sqrt{1+\mu^2}}.$$

(2) 设作用力 $F_2$ 与斜面的夹角为 $\alpha$,$\alpha$ 以向上偏转为正. $N$ 为斜面对物体的支持力.

垂直斜面
$$N = mg\cos\theta - F_2\sin\alpha,$$

平行斜面
$$F_2\cos\alpha = mg\sin\theta + \mu N,$$

由此得到
$$F_2(\cos\alpha + \mu\sin\alpha) = mg(\sin\theta + \mu\cos\theta),$$

$F_2$ 取最小的条件是
$$\sin\alpha = \mu\cos\alpha,$$

最后得到
$$F_2 = \frac{mg(\sin\theta + \mu\cos\theta)}{\sqrt{1+\mu^2}}.$$

(3) 圆盘向上滚动,斜面提供沿斜面向上的摩擦力. 相对于圆盘与斜面的接触点,$F_3$ 的最大力臂是 $2b$,在此条件下列出相关方程.

力矩平衡方程
$$2F_3 b = mgb\sin\theta,$$

沿斜面方向受力方程
$$F_3 + \mu N = mg\sin\theta,$$
垂直斜面方向
$$N = mg\cos\theta,$$
摩擦力
$$f = \mu mg\cos\theta,$$
由此得到
$$\mu = \frac{1}{2}\tan\theta.$$

分情况讨论：

如果 $\mu \geq \frac{1}{2}\tan\theta$，$F_3 = \frac{1}{2}mg\sin\theta$；

如果 $\mu < \frac{1}{2}\tan\theta$，$F_3 = mg(\sin\theta - \mu\cos\theta)$.

9.（20分）如图为杨氏双缝干涉实验装置，光源 S 为单色面光源，波长为 $\lambda$，单缝 A 的中心位于双缝 B 和 C 的垂直平分线上，B 与 C 相距为 $d$，单缝与双缝相距为 $r$，接收屏 P 与双缝相距为 $R$，$R \gg d$，$r \gg d$，问：

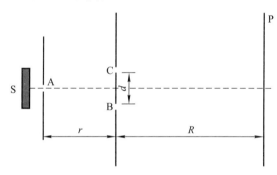

(1) 接收屏上的干涉条纹间距是多少？

(2) 设单缝 A 的宽度 $b$ 可调，问 $b$ 增大为多少时干涉条纹恰好首次消失？

(3) 接(2)问，条纹恰好消失时，固定 A 的宽度 $b$，为了使干涉条纹再次出现，试问 $d$，$r$，$R$ 三个量中应调节哪些量？

**解** (1) 见题解图，在屏幕上沿 BC 方向建立 $x$ 轴，以 BC 垂直平分线与屏幕的交点

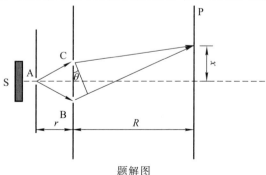

题解图

为原点，则从单缝出射，经双缝到达屏幕上 $x$ 处的光路如题解图所示，两束光的光程差为
$$\Delta = d\sin\theta \approx dx/R.$$
两个亮条纹对应的光程差相差一个波长，所以条纹间距
$$\Delta x = \frac{R}{d}\lambda.$$
零级干涉条纹位于 $x=0$ 处．

（2）从单缝 A 出来的光可以看成一系列的线光源，线光源向上偏移 $b/2$ 时，总光程差变为
$$\Delta \approx d\frac{b/2}{r} + d\frac{x}{R},$$
所以零级干涉条纹下移
$$x \approx \frac{Rb}{2r}.$$
零级条纹为亮纹，当其下移到原干涉条纹的暗纹中心时，干涉条纹第一次消失，有
$$x \approx \frac{Rb}{2r} = \frac{R}{2d}\lambda.$$
所以干涉条纹消失时，单缝 A 的宽度为 $b = r\lambda/d$．

（3）从（2）的结果知，$b = r\lambda/d$ 时条纹恰好消失，如果 $b$ 继续增大则还可以出现干涉条纹，所以为了使条纹出现，可以有两种思路：

(a) 增大 $r\lambda/d$，使 $b < r\lambda/d$，即增大 $\lambda$，$r$，减小 $d$，随着 $r\lambda/d$ 的增大，条纹会越来越清晰，即干涉衬比度会不断变大，趋近于 1，$R$ 的改变不影响干涉条纹是否出现；

(b) 减小 $r\lambda/d$，使得 $b > r\lambda/d$，即减小 $\lambda$，$r$，增大 $d$，随着 $r\lambda/d$ 的减小，干涉条纹会周期性出现，消失，但最佳的干涉条纹会越来越模糊，即干涉衬比度的极值不断变小，趋近于 0，$R$ 的改变不影响干涉条纹是否出现．

综上可知：

调节 $R$ 不会致使条纹出现；

减小或增大 $d$ 可以出现干涉条纹；

增大或减小 $r$ 也可以出现干涉条纹．

10. (20 分) 玻尔原子理论的轨道量子化条件，可以表述为：电子绕原子核（可看作静止）作圆周运动的轨道周长为电子物质波长的整数倍，即 $2\pi r_n = n\lambda_n$，$n = 1, 2, 3, \cdots$，其中 $r_n$ 是第 $n$ 个能级对应的轨道半径．若已知：静电力常数 $k$，普朗克常量 $h$，电子电量 $e$，电子质量 $m$，不考虑相对论效应，试求：

（1）氢原子第 $n$ 个能级对应的轨道半径 $r_n$ 的表达式；

（2）氢原子第 $n$ 个能级对应的电子环绕原子核运动的轨道周期 $T_n$ 的表达式；

（3）反电子（即正电子，质量和电量与电子相同，但电荷符号为正的基本粒子）与电子在库仑引力作用下束缚在一起构成的体系称为电子偶素，其中电子与反电子绕它们连线中心各自作半径相同的圆周运动，若将此半径作为轨道半径，则量子化条件应修改为 $2\pi(2r_n) = n\lambda_n$．求电子偶素第 $n$ 个能级对应的轨道半径 $r_n$ 的表达式．

**解** （1）设氢原子第 $n$ 个能级电子的动量为 $p_n$，则

$$p_n = \frac{h}{\lambda_n} = \frac{n}{2\pi} \frac{h}{r_n},$$

电子作圆周运动运动的向心力由库仑引力提供

$$k\frac{e^2}{r_n^2} = \frac{mv_n^2}{r_n} = \frac{p_n^2}{mr_n} = \frac{n^2}{4\pi^2}\frac{h^2}{mr_n^3},$$

由此得 $r_n = \dfrac{n^2}{4\pi^2}\dfrac{h^2}{kme^2}.$

（2）代入动量表达式，得到

$$v_n = \frac{p_n}{m} = \frac{n}{2\pi m r_n}h = \frac{2\pi k e^2}{nh},$$

周期为

$$T_n = \frac{2\pi r_n}{v_n} = \frac{n^3}{4\pi^2}\frac{h^3}{k^2 me^4}.$$

（3）对电子偶素相应结果修改为

$$p_n = \frac{h}{\lambda_n} = \frac{n}{4\pi}\frac{h}{r_n},$$

$$k\frac{e^2}{4r_n^2} = \frac{mv_n^2}{r_n} = \frac{p_n^2}{mr_n} = \frac{n^2}{4\pi^2}\frac{h^2}{4mr_n^3},$$

因此表达式不变，

$$r_n = \frac{n^2}{4\pi^2}\frac{h^2}{kme^2}.$$

# 2013年试题

## 一、选择题(单选,每题5分,共20分)

1. 简谐机械波在同一种介质中传播时,下面结论正确的是(    ):
   A. 频率不同时,波速不同,波长也不同;
   B. 频率不同时,波速相同,波长则不同;
   C. 频率不同时,波速相同,波长也相同;
   D. 频率不同时,波速不同,波长则相同.

   **解** 选 B

2. 一个具有放射性的原子核 A 放射一个 β 粒子后变成原子核 B,原子核 B 再放射一个 α 粒子后变成原子核 C,可以肯定的是(    ):
   A. 原子核 A 比原子核 B 多 2 个中子;
   B. 原子核 A 比原子核 C 多 2 个中子;
   C. 原子核为 A 的中性原子中的电子数,比原子核为 B 的中性原子中的电子数少 1;
   D. 原子核为 A 的中性原子中的电子数,比原子核为 C 的中性原子中的电子数少 1.

   **解** 选 D

3. 人在平面镜前看到站在自己身边朋友在镜中的像时,虽然上下不颠倒,左右却互换了. 今将两块相互平行的平面反射镜如图放置,观察者 A 在图示右侧位置可看到站在图示左侧位置的朋友 B,则 A 看到的像必定是(    ):

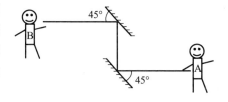

   A. 上下不颠倒,左右不互换;  B. 上下不颠倒,左右互换;
   C. 上下颠倒,左右不互换;    D. 上下颠倒,左右互换.

   **解** 选 A

4. 如图,在一个绝热的竖直气缸里面放有一定质量的理想气体,绝热的活塞原来是固定的. 现拔去插销,气体因膨胀把活塞及重物举高,则在此过程中气体的(    ):

   A. 压强不变,温度升高;  B. 压强不变,温度降低;
   C. 压强减小,温度升高;  D. 压强减小,温度降低.

   **解** 选 D

## 二、填空题(每题两空,每空4分,共32分)

5. 北京家庭采用电压 220 V 的供电,香港家庭采用电压 200 V 的供电. 北京厨房内一只"220 V,50 W"照明用的灯泡,若改用 200 V 的供电,使用相同的时间可节省电能 _____%. 如果采用 200 V 供电的同时,又不减弱厨房照明亮度,则原灯泡电阻丝要换成电阻为 _____ Ω 的新电阻丝.

   **解** (1) 17.4;(2) 800

6. 已知地球半径 $R$, 自转周期 $T$, 地面重力加速度 $g$, 则地球同步卫星的轨道半径 $r = \underline{\qquad} R$; 轨道速度与第一宇宙速度的比值为 $\underline{\qquad}$.

**解** (1) $\left(\dfrac{gT^2}{R4\pi^2}\right)^{\frac{1}{3}}$; (2) $\left(\dfrac{2\pi}{T}\sqrt{\dfrac{R}{g}}\right)^{\frac{1}{3}}$

7. 如图, 与水平地面夹角为锐角的斜面底端 $A$ 向上有三个等间距点 $B$, $C$ 和 $D$, 即 $AB=BC=CD$. 小滑块 P 以速度 $v_0$ 从 $A$ 出发, 沿斜面向上运动. 先设置斜面与滑块间处处无摩擦, 则滑块到达 $D$ 位置刚好停下, 而后下滑. 若设置斜面 $AB$ 部分与滑块间有处处相同的摩擦, 其余部分与滑块间仍无摩擦, 则滑块上行到 $C$ 位置刚好停下, 而后下滑. 此时, 滑块下滑到 $B$ 位置时速度大小 $v_B = \underline{\qquad}$, P 回到 $A$ 端时的速度大小 $v_A = \underline{\qquad}$.

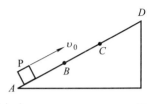

**解** (1) $\dfrac{v_0}{\sqrt{3}}$; (2) $\dfrac{v_0}{\sqrt{3}}$

8. 如图所示, 每边长为 $a$ 的等边三角形区域内有匀强磁场, 磁感应强度 $\boldsymbol{B}$ 的方向垂直纸面向内. 边长同为 $a$ 的等边三角形导体框架 $ABC$, 在 $t=0$ 时恰好与磁场区的边界重合, 而后以周期 $T$ 绕其中心沿顺时针方向匀速旋转, 于是在框架 $ABC$ 中有感应电流. 规定电流按 $A$—$B$—$C$—$A$ 方向流动时电流强度取为正, 反向流动时取为负. 设框架 $ABC$ 的总电阻为 $R$, 则从 $t=0$ 到 $t_1=T/6$ 时间内平均电流强度 $I_1 = \underline{\qquad}$; 从 $t=0$ 到 $t_2=T/2$ 时间内平均电流强度 $I_2 = \underline{\qquad}$.

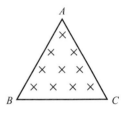

**解** 平均电流强度 $\bar{I} = \dfrac{\bar{\mathscr{E}}}{R} = \dfrac{B\Delta S}{tR}$, $\Delta S = \dfrac{\sqrt{3}}{12}a^2$.

(1) $t_1 = T/6$, $I_1 = -\dfrac{\sqrt{3}}{2}\dfrac{Ba^2}{TR}$;

(2) $t_2 = T/2$, $I_2 = -\dfrac{\sqrt{3}}{6}\dfrac{Ba^2}{TR}$.

## 三、计算题(共68分)

9. (12分) 某车辆在平直路面上作行驶测试, 测试过程中速度 $v$(带有正负号)和时间 $t$ 的关系如图. 已知该过程发动机和车内制动装置对车辆所作总功为零, 车辆与路面间的摩擦系数 $\mu$ 为常量, 试求 $\mu$ 值. 数值计算时, 重力加速度取 $g=10 \text{ m/s}^2$.

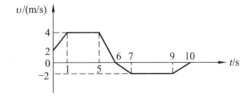

**解** 对正方向运动的整个过程, 总功包括发动机作功 $W_1$, 制动装置作功 $W_{z1}$ 和摩擦力作功, 由动能定理,

$$W_1 + W_{z1} - \mu m g s_1 = 0 - \frac{1}{2} m v_0^2,$$

对倒车运动的整个过程，

$$W_2 + W_{z2} - \mu m g s_2 = 0,$$

二式相加，有

$$W_1 + W_{z1} - \mu m g s_1 + W_2 + W_{z2} - \mu m g s_2 = 0 - \frac{1}{2} m v_0^2.$$

根据题述 $W_1 + W_{z1} + W_2 + W_{z2} = 0$，所以

$$\mu m g (s_1 + s_2) = \frac{1}{2} m v_0^2,$$

由速度图像可知：

$$s_1 = 21 \text{ m}, \quad s_2 = 6 \text{ m}, \quad v_0 = 2 \text{ m/s},$$

解得 $\mu = \dfrac{1}{135}$.

10. (14 分) 如图，在 $x$ 轴水平、$y$ 轴为竖直的 $Oxy$ 坐标平面的第 I 象限上，有一个内外半径几乎同为 $R$，圆心位于 $x = R$，$y = 0$ 处的半圆形固定细管道，坐标平面上有电场强度沿着 $y$ 轴方向的匀强电场. 带电质点 P 在管道内，从 $x = 0$，$y = 0$ 位置出发，在管道内无摩擦地运动，其初始动能为 $E_{k0}$. P 运动到 $x = R$，$y = R$ 位置时，其动能减少了二分之一.

(1) 试问 P 所带电荷是正的，还是负的？为什么？

(2) P 所到位置可用该位置的 $x$ 坐标来标定，试在 $2R \geq x \geq 0$ 范围内导出 P 的动能 $E_k$ 随 $x$ 变化的函数.

(3) P 在运动过程中受管道的弹力 $N$ 也许是径向朝里的（即指向圆心的），也许是径向朝外的（即背离圆心的）. 通过定量讨论，判定在 $2R \geq x \geq 0$ 范围内是否存在 $N$ 径向朝里的 $x$ 取值区域；若存在，请给出该区域. 继而判定在 $2R \geq x \geq 0$ 范围内是否存在 $N$ 径向朝外的 $x$ 取值区域；若存在，也请给出该区域.

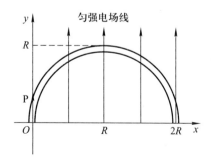

**解** (1) 带电质点 P 在管道内无摩擦地运动，设电场力作功 $W = qER$，由动能定理

$$W - mgR = -\frac{1}{2} E_{k0},$$

得

$$W = mgR - \frac{1}{2} E_{k0}.$$

若 $mgR > \frac{1}{2}E_{k0}$，$W>0$，电场力作正功，P 所带电荷是正的；

若 $mgR < \frac{1}{2}E_{k0}$，$W<0$，电场力作负功，P 所带电荷是负的．

(2) 设 P 运动所到位置，横坐标为 $x$，纵坐标为 $y$，由 $(x-R)^2+y^2=R^2$，得
$$y=\sqrt{2xR-x^2}.$$
由动能定理
$$(qE-mg)y=E_k-E_{k0},$$
解得 $E_k=E_{k0}+(qE-mg)\sqrt{2xR-x^2}$．

(3) 若 P 所带电荷是正的，根据题述 P 运动到 $x=R$，$y=R$ 位置时，其动能减少了二分之一，可知 P 所受电场力一定小于重力，在此情形下，P 在运动的初始阶段，受到管道的弹力为径向朝里．

设质点 P 从开始运动到纵坐标为 $y$ 这个范围内所受管道的弹力 $N$ 径向朝里，恰好运动到纵坐标为 $y$ 时所受管道的弹力 $N$ 为零，则有
$$(mg-qE)\cos\theta=\frac{mv^2}{R},$$
$$\cos\theta=\frac{y}{R},$$
$$-(mg-qE)y=\frac{1}{2}mv^2-E_{k0},$$
联立解得
$$y=\frac{2E_{k0}}{3(mg-qE)}.$$
将上式代入 $(x-R)^2+y^2=R^2$，可得
$$x_1=R-\sqrt{R^2-\frac{4E_{k0}^2}{9(mg-qE)^2}}, \quad x_2=R+\sqrt{R^2-\frac{4E_{k0}^2}{9(mg-qE)^2}}.$$

在 $x<R-\sqrt{R^2-\frac{4E_{k0}^2}{9(mg-qE)^2}}$ 和 $x>R+\sqrt{R^2-\frac{4E_{k0}^2}{9(mg-qE)^2}}$ 区域范围内存在 $N$ 径向朝里；

在 $R-\sqrt{R^2-\frac{4E_{k0}^2}{9(mg-qE)^2}}<x<R+\sqrt{R^2-\frac{4E_{k0}^2}{9(mg-qE)^2}}$ 区域范围内存在 $N$ 径向朝外．

11.（20分）质量为 $M$，半径为 $R$ 的匀质水平圆盘静止在水平地面上，盘与地面间无摩擦．圆盘中心处有一只质量为 $m$ 的青蛙（可处理为质点）开始静止，然后跳出圆盘．为解答表述一致，将青蛙跳起后瞬间相对地面的水平分速度记为 $v_x$，竖直向上的分速度记为 $v_y$，将圆盘后退的速度记为 $u$．

(1) 设青蛙跳起后落地点在落地时的圆盘外．

(1.1) 对给定的 $v_x$，可取不同的 $v_y$，试导出跳起过程中青蛙所作功 $W$ 的取值范围，

答案中可包含的参量为 $M$，$R$，$m$，$g$（重力加速度）和 $v_x$.

(1.2) 将(1.1)问所得 $W$ 取值范围的下限记为 $W_0$，不同的 $v_x$ 对应不同的 $W_0$ 值，试导出其中最小值 $W_{\min}$，答案中可包含的参量为 $M$，$R$，$m$，$g$.

(2) 如果在原来圆盘边紧挨着有另外一个相同的静止空圆盘，青蛙从原来圆盘中心跳起后瞬间，相对地面速度的方向与水平方向夹角为 $45°$，青蛙跳起后恰好能落在空圆盘的中心. 跳起过程中青蛙所作功记为 $W'$. 试求 $W'$ 与(1.2)问所得的 $W_{\min}$ 的比值 $\gamma = W'/W_{\min}$，答案中可包含的参量为 $M$ 和 $m$.

**解** (1)

(1.1) 青蛙跳起过程，水平方向动量守恒. 由动量守恒定律，
$$mv_x = Mu,$$
青蛙跳起后落地点在圆盘外，则
$$v_x t + ut > R,$$
$$v_y = gt/2, \quad v^2 = v_x^2 + v_y^2.$$
跳起过程中青蛙作功
$$W = \frac{1}{2}mv^2 + \frac{1}{2}Mu^2,$$
联立解得
$$W > \frac{1}{2}mv_x^2 + \frac{mM^2g^2R^2}{8(m+M)^2v_x^2} + \frac{m^2v_x^2}{2M}.$$

(1.2) 
$$W_0 = \frac{1}{2}mv_x^2 + \frac{mM^2g^2R^2}{8(m+M)^2v_x^2} + \frac{m^2v_x^2}{2M}$$
$$= \frac{m(m+M)v_x^2}{2M} + \frac{mM^2g^2R^2}{8(m+M)^2v_x^2}.$$

由于
$$\frac{m(m+M)v_x^2}{2M} \cdot \frac{mM^2g^2R^2}{8(m+M)^2v_x^2} = \frac{m^2Mg^2R^2}{16(m+M)}$$

为定值，根据两个正数积一定，两数相等时，和最小，即 $W_{\min}$ 对应的是
$$\frac{m(m+M)v_x^2}{2M} = \frac{mM^2g^2R^2}{8(m+M)^2v_x^2},$$

解得
$$v_x^2 = \frac{MgR}{2(m+M)}\sqrt{\frac{M}{m+M}}.$$

可得
$$W_{\min} = \frac{mgR}{2}\sqrt{\frac{M}{m+M}}.$$

(2) 设青蛙起跳速度为 $v$，青蛙跳起过程水平方向动量守恒.

由动量守恒定律，
$$mv\cos 45° = Mu,$$
$$v\cos 45° \cdot t = 2R, \quad v\sin 45° = gt/2,$$

跳起过程中青蛙作功

$$W' = \frac{1}{2}mv^2 + \frac{1}{2}Mu^2,$$

联立解得

$$W' = \left(1 + \frac{m}{M}\right)mgR,$$

$$\gamma = \frac{W'}{W_{\min}} = 2\left(1 + \frac{m}{M}\right)^{3/2}.$$

12. (22分)如图所示为一竖直平面,有一水平方向的匀强磁场,磁感应强度 $B$ 的方向垂直该竖直平面朝里.竖直平面中 $a$, $b$ 两点在同一水平线上,两点间距 $l$.带电量 $q>0$,质量为 $m$ 的质点 P 以初速度 $v$ 从 $a$ 对准 $b$ 射出.略去空气阻力,不考虑 P 与地面接触的可能性,设定 $q$, $m$ 和 $B$ 均为不可改变的给定量.

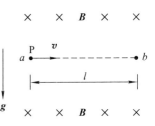

(1) 若无论 $l$ 取什么值,均可使 P 经直线运动通过 $b$ 点,试问 $v$ 应取什么值?

(2) 若 $v$ 为(1)问可取值之外的任意值,则 $l$ 取哪些值,可使 P 必定会经曲线运动通过 $b$ 点?

(3) 对每一个满足(2)问要求的 $l$ 值,计算各种可能的曲线运动对应的 P 从 $a$ 到 $b$ 所经过的时间.

(4) 对每一个满足(2)问要求的 $l$ 值,试问 P 能否从 $a$ 静止释放后也可以通过 $b$ 点?若能,再求 P 在而后运动过程中可达到的最大运动速率 $v_{\max}$.

**解** (1) 要使 P 经直线运动通过 $b$ 点,必有 $mg = qvB$,解得

$$v = mg/qB, \qquad ①$$

电荷为正电荷,如题中所给出.

(2) 设质点初速度为 $v+\Delta v$,质点所受洛伦兹力为 $q(v+\Delta v)B$,与重力合力为

$$-mg + q(v + \Delta v)B = q\Delta v B,$$

所以质点的运动可视为沿 $ab$ 连线方向做速度为 $v$ 的匀速直线运动和速度为 $\Delta v$ 的圆周运动的合运动,即螺旋线运动,如题解图.

要使质点通过 $b$ 点,

$$t = nT, \qquad ②$$
$$T = \frac{2\pi m}{qB}, \qquad ③$$
$$l = vt, \qquad ④$$

联立①②③④式解得

$$l = vt = \frac{mg}{qB} n \frac{2\pi m}{qB} = \frac{2\pi n m^2 g}{q^2 B^2} \quad (n = 1, 2, 3, \cdots). \qquad ⑤$$

(3) 由②③式解得

题解图

$$t = n\frac{2\pi m}{qB} \quad (n=1, 2, 3, \cdots).$$

(4) 质点 P 从 $a$ 静止释放后的运动可视为沿水平方向速度 $v=mg/qB$ 的匀速直线运动和沿反方向的线速度 $v=mg/qB$ 的匀速圆周运动，$n$ 个周期质点前进距离

$$l = vt = \frac{mg}{qB} n \frac{2\pi m}{qB} = \frac{2\pi n m^2 g}{q^2 B^2} \quad (n=1, 2, 3, \cdots).$$

所以 P 从 $a$ 静止释放后可以通过 $b$ 点.

当质点作匀速圆周运动到最高点时运动速率最大，最大运动速率

$$v_{\max} = 2v = 2mg/qB.$$

# 2014年试题

**一、选择题(每题5分，共20分)**

1. 今有一个相对地面静止，悬浮在赤道上空的气球．对于一个站在宇宙背景惯性系的观察者，仅考虑地球相对此惯性系的自转运动，则以下对气球受力的描述正确的是（   ）：

A. 该气球受地球引力、空气浮力和空气阻力；

B. 该气球受力平衡；

C. 地球引力大于空气浮力；

D. 地球引力小于空气浮力．

**解** 选 C

2. 下列过程中，

a. 水在 1 atm，25 ℃下蒸发；

b. 冰在 1 atm，25 ℃下融化；

c. 理想气体准静态绝热膨胀；

d. 理想气体准静态等温膨胀；

e. 理想气体准静态等压加热；

f. 理想气体向真空绝热膨胀．

其中系统对外作正功的是（   ）：

A. (a, c, d, e)；   B. (a, b, c, e)；   C. (b, d, e, f)；   D. (b, c, d, f).

**解** 选 A

3. 有两个惯性参考系 1 和 2，彼此相对做匀速直线运动，下列叙述中正确的是（   ）：

A. 在参考系 1 看来，2 中的所有物理过程都变快了；在参考系 2 看来，1 中的所有物理过程都变慢了；

B. 在参考系 1 看来，2 中的所有物理过程都变快了；在参考系 2 看来，1 中的所有物理过程也变快了；

C. 在参考系 1 看来，2 中的所有物理过程都变慢了；在参考系 2 看来，1 中的所有物理过程都变快了；

D. 在参考系 1 看来，2 中的所有物理过程都变慢了；在参考系 2 看来，1 中的所有物理过程也变慢了．

**解** 选 D

4. 下列说法中正确的是（   ）：

A. 卢瑟福实验中发现许多 α 粒子被金箔大角度散射，这表明 α 粒子很难进入金箔原子内部；

B. β 衰变中产生的 β 射线是原子核外电子挣脱原子核束缚之后形成的电子束；

C. 通过化学反应无法改变放射性元素的半衰期；

D. 较小比结合能的原子核不稳定,容易发生裂变.

**解** 选 C

## 二、填空题(每题两空,每空 4 分,共 32 分)

5. 如图,有半径为 $R$ 的光滑细圆环轨道,其外壁被固定在竖直平面上. 轨道正上方和正下方分别有质量为 $2m$ 和 $m$ 的静止小球,它们由长为 $2R$ 的轻杆固连. 已知圆环轨道内壁开有环形小槽,可使轻杆无摩擦、无障碍地绕着其中心点转动. 今对上方小球施加小扰动,则此后过程中该小球的速度最大值为_____;当其达到速度最大值时,两小球对轨道作用力的合力大小为_____.

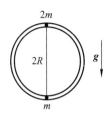

**解** (1) $\sqrt{4gR/3}$;(2) $13mg/3$

6. 在一个空的可乐瓶中封入高压理想气体,在打开瓶盖后的短时间内,外界对瓶内气体作_____(可填"正功""负功""不作功"其中之一),瓶内气体温度_____(可填"升高""降低""可能升高也可能降低"其中之一).

**解** (1) 负功;(2) 降低.

7. 空间有一孤立导体,其上带有固定量的正电荷,该空间没有其他电荷存在. 为了测量该导体附近的某一点 $P$ 的电场强度,我们在 $P$ 点放置一带电量为 $q$ 的点电荷,测出 $q$ 受到的静电力 $F$,如果 $q$ 为正,$F/q$ _____(可填"大于""小于"其中之一)$P$ 点的原电场强度;如果 $q$ 为负,$F/q$ _____(可填"大于""小于"其中之一)$P$ 点的原电场强度.

**解** (1) 小于;(2) 大于

8. 已知普朗克常量为 $h = 2\pi \cdot 197 \text{ MeV} \cdot \text{fm}/c$,电子的质量为 $m_e = 0.51 \text{ MeV}/c^2$,其中 $c = 3.0 \times 10^8 \text{ m/s}$ 为真空光速,$1 \text{ fm} = 10^{-15} \text{ m}$,则动能为 $1.0 \text{ eV}$ 的自由电子的物质波波长为 $\lambda_e =$ _____ m,具有如上波长的光子的能量为 $E_\gamma =$ _____ eV.(所填答案均保留一位有效数字)

**解** (1) $1 \times 10^{-9}$;(2) $1 \times 10^3$

## 三、计算题(共 68 分)

9. (15 分)两个质点之间只有万有引力作用,其质量、间距和速度如图所示. 若两个质点能相距无穷远,速率 $v_0$ 需要满足什么条件?(两个质量分别为 $m_1$,$m_2$ 的质点,相距 $r$ 时,其间万有引力势能为 $E_p = -G\dfrac{m_1 m_2}{r}$)

**解** 解法一:

系统总动量的大小为 $\sqrt{2}mv_0$.

两质点能相距无穷远的临界条件:一质点相对另一质点的速度为零.

因此,在无穷远处,两质点有相同的速度 $v$.

系统的总动量守恒

$$\sqrt{2}mv_0 = 2mv,$$

系统的能量守恒

$$\frac{1}{2}2mv_0^2 - G\frac{m^2}{r_0} \geqslant \frac{1}{2}2mv^2,$$

速率 $v_0$ 需要满足的条件

$$v_0^2 \geqslant \frac{2Gm}{r_0}.$$

**解法二**：在质心系中，确定相距无穷远的条件．

(i) 计算质心速度，为 $\frac{\sqrt{2}}{2}v_0$；

(ii) 计算两质点相对质心的速度，为 $\frac{\sqrt{2}}{2}v_0$；

(iii) 在质心系中系统的能量不小于零，得速率 $v_0$ 需要满足的条件 $v_0^2 \geqslant \frac{2Gm}{r_0}$．

10. (17分) 某半径为 $r$ 的类地行星表面有一单色点光源 $P$，其发出的各方向的光经过厚度为 $(\sqrt{2}-1)r$、折射率为 $n=2$ 的均匀行星大气层射向太空．取包含 $P$ 和行星中心 $O$ 的某一截面如图，设此截面内，一卫星探测器在半径为 $4r/(\sqrt{3}+1)$ 的轨道上绕行星作匀速圆周运动．忽略行星表面对光的反射．求：

(1) 大气外表面发光区域在截面上形成的弧长；

(2) 卫星探测器运行时，只能在轨道某些部分观测到光，求这部分轨道弧长．

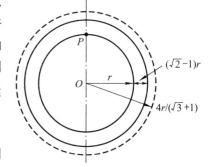

**解** (1) $P$ 点发出的光不可能低于地平线，对应地平线方向的光线在大气与太空交界处的入射角容易求出为 $\pi/4$．

由行星大气折射率 $n=2$ 可知，光在大气与太空界面处的全反射角为 $\arcsin(1/n) = \pi/6$．

比较两者可知在大气与太空界面处，入射角为 $\pi/6$ 的光线发生全反射，所以大气外表面发光区域形成一个球冠，与图中截面相交于一段圆弧，题目所求即这段弧长．

如题解图，从 $P$ 点发出的光入射到大气外表面 $C$ 处，恰好发生全反射，$C$ 点即为所求弧长的端点，对称的另一端点为 $C'$．

连接 $OC$ 即为法线，则角 $\gamma = \pi/6$，由题知 $OP$ 长度为 $r$，$OC$ 长度为

$$r + (\sqrt{2}-1)r = \sqrt{2}r,$$

所以由三角形正弦定理得

$$\frac{\sqrt{2}r}{\sin\alpha} = \frac{r}{\sin\gamma} = \frac{r}{\sin\pi/6} = 2r.$$

故得

$$\alpha = \frac{3\pi}{4},$$

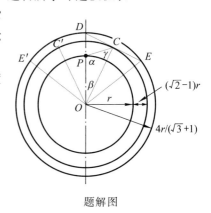

题解图

$$\beta = \pi - \alpha - \gamma = \frac{\pi}{12}.$$

则大气外表面发光区域在截面上形成的弧长为

$$2\sqrt{2}r\beta = \frac{\sqrt{2}}{6}\pi r.$$

（2）从 $C$ 点出射的光折射角为 $\pi/2$，过 $C$ 点作大气外表面的切线，与卫星探测器轨道交于 $E$ 点，与 $OP$ 连线交于 $D$ 点，假设卫星逆时针方向运行，则 $E$ 点即为卫星开始观测到光的位置，而对称的 $E'$ 点为观察不到光的临界点，弧 $EE'$ 长度即为所求轨道长度．

由于 $\triangle OCD$ 为直角三角形，角 $\beta = \frac{\pi}{12}$，边 $OC$ 长度为 $\sqrt{2}r$，所以可以求出 $OD$ 长度为

$$l_{OD} = \frac{\sqrt{2}r}{\cos\beta} = \frac{\sqrt{2}r}{\cos\frac{\pi}{12}} = \frac{\sqrt{2}r}{\cos\left(\frac{\pi}{4} - \frac{\pi}{6}\right)} = \frac{4r}{\sqrt{3}+1}.$$

由于卫星探测器轨道半径也为 $4r/(\sqrt{3}+1)$，所以 $D$ 点在卫星轨道上，则由 $\triangle ECO$ 与 $\triangle DCO$ 全等得到

$$\angle EOC = \beta.$$

所以能观测到光的轨道弧长为

$$4\beta \frac{4r}{\sqrt{3}+1} = \frac{4}{3(\sqrt{3}+1)}\pi r.$$

11.（19 分）如图所示，在宽度分别为 $l_1$ 和 $l_2$ 的两个毗邻的条形区域内，分别有匀强磁场和匀强电场，磁场方向垂直于图平面朝里，电场方向与电磁场分界线平行朝右．一个带正电的粒子以速率 $v$ 从磁场区域上边界的 $P$ 点偏左斜向射入磁场，然后以垂直于电磁场分界线的方向进入电场，最后从电场区下边界上的 $Q$ 点射出．已知 $P$，$Q$ 连线垂直于电场方向，粒子轨道与电磁场分界线的交点到 $P$，$Q$ 连线的距离为 $d$．不计重力，试以 $l_1$，$l_2$，$v$ 和 $d$ 为已知量，导出：

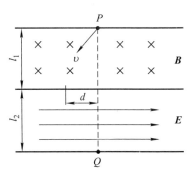

（1）粒子运动过程中的最大速率 $v_{\max}$；

（2）磁感应强度大小（作为分子）与电场强度大小（作为分母）的比值 $\gamma$；

（3）粒子在磁场中运动时间（作为分子）与在电场中运动时间（作为分母）的比值 $\beta$．

——吴起男，"中学物理课堂教学八项注意"，《物理教学》，2011 年 2 月，39 页（稍有改变）

**解** 将粒子质量记为 $m$，电量记为 $q > 0$．

（1）粒子在磁场中速率 $v$ 不变，进入电场后，受电场力作用作类平抛运动，沿 $PQ$ 连线方向速度分量恒为 $v$，沿电场 $E$ 线方向速度分量在 $Q$ 处达极大，记为 $v_{\perp \max}$．将粒子沿 $E$ 线的匀加速度记为 $a$，在电场中运动时间记为 $t_2$，则有

$$v_{\perp \max} = at_2, \qquad d = \frac{1}{2}at_2^2, \qquad l_2 = vt_2,$$

$$\Rightarrow \quad v_{\perp\max} = \frac{2d}{t_2^2}t_2 = \frac{2d}{t_2} = \frac{2d}{\frac{l_2}{v}} = \frac{2dv}{l_2},$$

得 $v_{\max} = \sqrt{v^2 + v_{\perp\max}^2} = \sqrt{1 + \frac{4d^2}{l_2^2}}\, v.$

(2) 粒子在磁场中的圆弧运动轨道如题解图所示，圆心 $O$ 必在磁场与电场的交界线上，由

$$qvB = \frac{mv^2}{R}, \quad \Rightarrow \quad B = \frac{mv}{qR},$$

$$R^2 = l_1^2 + (R-d)^2, \quad \Rightarrow \quad R = \frac{l_1^2 + d^2}{2d},$$

得 $$B = \frac{mv}{q}\frac{2d}{l_1^2 + d^2}.$$

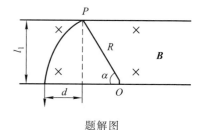

题解图

粒子在电场中运动，由

$$qE = ma, \quad \Rightarrow \quad E = \frac{ma}{q},$$

$$\left(\frac{2dv}{l_2}\right)^2 = v_{\perp\max}^2 = 2ad, \quad \Rightarrow \quad a = \frac{2dv^2}{l_2^2},$$

得 $$E = \frac{m}{q}\frac{2dv^2}{l_2^2},$$

即有

$$\gamma = \frac{B}{E} = \frac{l_2^2}{(l_1^2 + d^2)v}.$$

(3) 参考题解图中引入的圆心角 $\alpha$，粒子在磁场中的运动时间为

$$t_1 = \frac{R\alpha}{v},$$

由几何关系可知，

$$\alpha = \arcsin\frac{l_1}{R}, \quad R = \frac{l_1^2 + d^2}{2d},$$

得

$$t_1 = \frac{l_1^2 + d^2}{2dv}\arcsin\frac{2dl_1}{l_1^2 + d^2};$$

粒子在电场中的运动时间为

$$t_2 = \frac{l_2}{v};$$

即得

$$\beta = \frac{t_1}{t_2} = \frac{l_1^2 + d^2}{2dl_2}\arcsin\frac{2dl_1}{l_1^2 + d^2}.$$

12.（17分）在实验室参考系，有一静止的光源与一静止的接收器，它们相距 $l_0$，光源至接收器均浸在均匀、无限延展的液体介质（静止折射率为 $n$）中．试对下列三种情况计

算光源发出信号到接收器接到信号所经历的时间.

(1) 液体介质相对于光源-接收器装置静止；

(2) 液体沿着光源至接收器连线方向以速度 $v$ 流动；

(3) 液体垂直于光源至接收器连线方向以速度 $v$ 流动.

**解** (1) $\Delta t = \dfrac{l_0}{c/n}$.

(2) 取光源至接收器方向为 $x$ 方向，则光相对于实验室系的速度为
$$u = \frac{c/n + v}{1 + vc/(nc^2)},$$
得
$$\Delta t = \frac{l_0}{u} = \frac{(n+v/c)}{c+vn}l_0.$$

(3) 如题解图，以 S 代表光源，R 代表接收器，取液体流动方向为 $x$ 方向，S—R 为 $y$ 方向，在相对于流体静止的 S′ 看来，在 $\Delta t'$ 的时间内 S—R 装置运动到 S′—R′ 处，$t=0$ 时刻从 S 发出的光到达 R′ 时，它实际运动的距离为 $\Delta t' c/n$. 由图中几何关系，
$$l_0^2 + (v\Delta t')^2 = \left(\frac{c}{n}\Delta t'\right)^2,$$

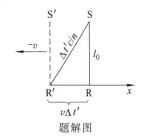

题解图

得
$$\Delta t' = l_0/\sqrt{(c/n)^2 - v^2},$$
$$\Delta t = \gamma[\Delta t' + v\Delta x'/c^2], \quad \text{其中 } \Delta x' = x_2' - x_1' = -v\Delta t', \quad \gamma = \frac{1}{\sqrt{1-\left(\dfrac{v}{c}\right)^2}},$$
则
$$\Delta t = \gamma \Delta t'(1 - v^2/c^2) = \gamma^{-1} l_0/\sqrt{c^2/n^2 - v^2}.$$

# 2015 年试题

**一、多项选择题(共 20 分,每题 5 分,全空或全错为 0 分,其他情况每错一个选项扣 1 分)**

1. 两质量相同的物块 A 和 B,紧靠在一起放在光滑水平桌面上,如图所示. 如果它们分别受到图示的水平推力 $F_A$ 和 $F_B$ 的作用,且 $F_A > F_B$,则物块 A 作用于物块 B 的作用力大小为(    ):

   A. $F_A$;  　　B. $F_B$;  　　C. $\dfrac{F_A - F_B}{2}$;  　　D. $\dfrac{F_A + F_B}{2}$.

   **解**　选 D

2. 如图所示,每边长为 $a$ 的三角形面板在水平直线上朝一个方向不停地作无滑动的翻滚. 每次翻滚都是绕着右侧着地顶点(例如图中的 A 点)转动,转动角速度为常量 $\omega$. 当一条边(例如 $AB$ 边)着地时,又会立即绕着另一个右侧着地顶点(例如 B 点)继续作上述匀角速旋转. 如此继续下去,三角板的每一个顶点在翻滚的一个周期过程中,其平均速率记为 $\bar{v}$. 对面板这种运动,下面 4 个表述正确的是(    ):

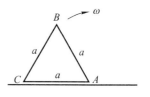

   A. $\bar{v} = \omega a$,且为面板上所有点部位各自平均速率的共同值;

   B. $\bar{v} = \dfrac{2}{3}\omega a$,且为面板上所有点部位各自平均速率的最大值;

   C. 面板上应有一个点部位作匀速率曲线运动,其速率为 $\dfrac{\sqrt{3}}{3}\omega a$;

   D. 面板上应有一个点部位作匀速率曲线运动,其速率为 $\dfrac{1}{3}\omega a$.

   **解**　选 B,C

3. 三个彼此相距很远的导体球 A,B,C 均带负电荷,它们的半径 $r_A$,$r_B$,$r_C$ 从小到大,即 $r_A < r_B < r_C$,它们附近没有其他电荷与导体,三个导体球彼此之间均由导线连接,则对 A,B,C 三球,如下说法正确的是(    ):

   A. 三个导体球的电势相等;

   B. 每个导体球表面的电荷分布近似均匀;

   C. 三个导体球上所带的电量的比值近似为 $r_C : r_B : r_A$;

   D. 三个导体球上所带的电量的比值近似为 $r_A : r_B : r_C$.

   **解**　选 A,B,D

4. 用单色平行光照射一宽度可调的狭缝,在缝后远处放一接收光屏. 分别用红色平行光(波长 655 nm)和绿色平行光(波长 532 nm)入射,以下说法正确的是(    ):

   A. 令红光透过 0.8 mm 的狭缝,绿光透过 0.7 mm 的狭缝,则接收屏上绿光对应的亮斑更宽;

   B. 令红光透过 0.8 mm 的狭缝,绿光透过 0.7 mm 的狭缝,则接收屏上红光对应的亮斑更宽;

C. 令红光透过 0.7 mm 的狭缝，绿光透过 0.8 mm 的狭缝，则接收屏上绿光对应的亮斑更宽；

D. 令红光透过 0.7 mm 的狭缝，绿光透过 0.8 mm 的狭缝，则接收屏上红光对应的亮斑更宽．

**解** 选 B，D

## 二、填空题(每题两空，每空 4 分，共 32 分)

5. 水平地面上有一车厢以恒定速度 $v_0$ 朝右运动，车厢内的单摆开始时相对车厢静止，摆线与竖直方位线夹角为 $\theta_0$，其方位如图所示．设摆线长为 $l$，摆球质量为 $m$，摆球从初始位置开始第一次到达最低位置时，相对地面参考系水平朝右的速度为_____；此过程中地面参考系认为摆线张力对摆球作功为_____．

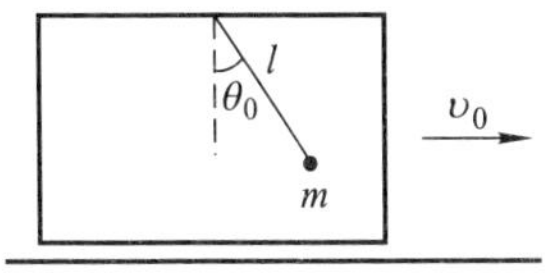

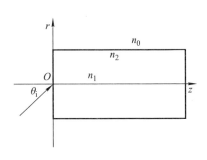

**解** (1) $v_0 - \sqrt{2gl(1-\cos\theta_0)}$；(2) $-mv_0\sqrt{2gl(1-\cos\theta_0)}$

6. 两个点电荷 A 和 B 分别带电 $q$ 和 $4q$，相距 $l$，现在放置另一个点电荷 C，使这三个点电荷彼此之间的库仑力刚好互相平衡，则 C 应放置在_____，C 所带的电量为_____．

**解** (1) A 与 B 之间，距 A 为 $l/3$ 处；(2) $-4q/9$

7. 一长圆柱形光纤的切面如图所示，沿轴线方向建立 $z$ 轴，沿半径方向建立 $r$ 轴，光纤起始端的中心作为坐标原点 $O$，光纤折射率 $n(r)$ 沿径向线性变化，轴线处的折射率 $n_1=1.3$，靠近侧面的折射率 $n_2=1.2$，空气的折射率近似为 $n_0=1.0$．一束单色光从 $O$ 点处以入射角 $\theta_1=60°$ 入射，此时光线可以从光纤侧面出射，出射光线与光纤表面夹角为_____，为了使光线在光纤内部传播，不从侧面出射，入射角应小于_____(可用反三角函数表示结果)．

**解** (1) 14°(或 $\arccos\sqrt{0.94}$)；(2) 56°(或 $\arcsin\sqrt{0.69}$)

8. 波长为 0.02 nm 的 X 射线照射人体骨骼，如果该射线光子被骨骼吸收，则对应逸出电子的能量可估算为_____eV(保留一位有效数字)，若该射线光子被骨骼中的电子散射，则出射的 X 射线波长较原入射波长有所_____(填"增大"或"减小")．

(可利用数据：普朗克常量为 $h=2\pi \cdot 197$ MeV·fm/$c$，其中 $c=3.0\times 10^8$ m/s 为真空光速，1 fm $=10^{-15}$ m)

**解** (1) $6\times 10^4$；(2) 增大

## 三、计算题(共 68 分)

9. (12 分)如图所示，4 根长度相同的挡板固定在水平桌面上，围成一个每边长为 $l$ 的正方形框架 $ABCD$．在两条对角线上取对称的两个点 1、2，它们的位置参量已在图中示出．将小球 P 静置在点 1，而后令 P 以初速度大小 $v$ 朝框架 $AB$ 挡板某个位置平动．注意，图中初速度的方向仅起定性示意作用，未

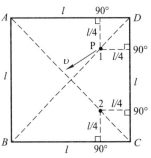

必是精确的方向. P 经一次弹性碰撞后朝着 BC 挡板平动,又经一次弹性碰撞后恰好"击中"点 2. 设系统处处无摩擦,试求 P 从点 1 到点 2 经过的时间 $t$.

**解** 参见题解图, P 的真实运动路线为 $1EF2$. 其中 $EF$ 段可等效为 $EF'$; $F2$ 段可等效为 $F2'$ 段, $F2'$ 段可等效为 $F'2''$. 因此, $1EF2$ 路线长度可等效为 $1EF'2''$ 路线长度,即为

$$s = \sqrt{l^2 + \left(2 \times \frac{3}{4}l\right)^2} = \frac{\sqrt{13}}{2}l,$$

则得 $t = \dfrac{s}{v} = \dfrac{\sqrt{13}}{2}\dfrac{l}{v}$.

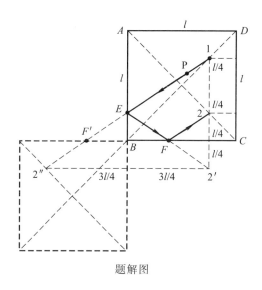

题解图

10.(20 分)如图,一端开口的玻璃管竖直放置,开口朝上,玻璃管总长为 $l = 75.0$ cm, 横截面积为 $S = 10.0$ cm². 玻璃管内用水银封闭一段理想气体,水银和理想气体之间有一无限薄的无质量无摩擦活塞,气体长度与水银柱长度均为 $h = 25.0$ cm. 假定大气压强为 $p_0 = 75.0$ cmHg, 气体初始温度为 $T_0 = 400$ K, 重力加速度为 $g = 9.80$ m/s², 水银密度为 $\rho = 13.6 \times 10^3$ kg/m³, 该理想气体摩尔定容热容 $C_{V,m} = 5R/2$, 其中普适气体常数为 $R = 8.31$ J/(mol·K).

(1)过程一:对封闭的气体缓慢加热,使得水银上液面恰好到达玻璃管开口处. 求过程一封闭气体对外作功是多少?

(2)过程二:继续对封闭气体缓慢加热,直到水银恰好全部流出. 通过计算说明过程二能否缓慢稳定地发生.

(3)计算过程二封闭气体吸热.

注:封闭气体质量可忽略,计算结果保留两位有效数字.

**解** (1)过程一中,初始的封闭气体体积为 $V_1 = Sh$, 温度为 $T_1 = T_0$, 初始压强为

$$p_1 = p_0 + \rho g h = 4\rho g h.$$

末态压强不变 $p_2 = p_1$, 体积变为 $V_2 = 2Sh$, 根据理想气体状态方程得

$$\frac{p_1 V_1}{T_1} = \frac{p_2 V_2}{T_2},$$

由此得末态温度为

$$T_2 = 2T_0.$$

封闭气体对外作功可以用两种方法求出：

一是根据等压过程中理想气体作功求出，即

$$W_1 = p_1(V_2 - V_1) = 4\rho g h S h = 33.3 \text{ J} \approx 33 \text{ J};$$

另一种方法是利用气体作功等于水银重力势能的增加和克服大气对外作功，即

$$W_1 = \rho S h g h + p_0(V_2 - V_1) = \rho S h g h + 3\rho g h S h = 33.3 \text{ J} \approx 33 \text{ J}.$$

注：题目中已经注明是缓慢加热，所以水银的动能可以忽略.

(2) 设过程二中水银柱的高度为 $x$，若该过程可以缓慢稳定地发生，则要求水银柱高度在不断减小的过程中，满足气体状态方程的 $x$ 始终有解，设对应 $x$ 的封闭气体压强为 $p$，体积为 $V$，温度为 $T$，则

$$p = p_0 + \rho g x = 3\rho g h + \rho g x,$$
$$V = S(l - x) = S(3h - x).$$

根据理想气体状态方程有

$$\frac{pV}{T} = \frac{p_1 V_1}{T_1},$$

即

$$\frac{(3\rho g h + \rho g x) S (3h - x)}{T} = \frac{4\rho g h S h}{T_0},$$

$$(3h + x)(3h - x) = \frac{4 h^2 T}{T_0},$$

$$x = \sqrt{\left(9 - \frac{4T}{T_0}\right)} h.$$

当 $T = 2T_0$ 时，$x = h$ 是过程二的初始状态，当 $T = 9T_0/4$ 时，$x = 0$ 是过程二的末状态，因为 $x$ 与 $T$ 是单调递减关系，所以过程二可以缓慢稳定地发生.

(3) 根据热力学第一定律，过程二中吸热等于气体内能的增加和气体对外作的功，即

$$Q = \Delta U + W_2.$$

该理想气体物质的量为

$$n = \frac{p_1 V_1}{R T_1} = \frac{4\rho g h S h}{R T_0} \approx 1.00 \times 10^{-2} \text{ mol},$$

内能仅是温度的函数，其增加量为

$$\Delta U = n C_V \left(\frac{9 T_0}{4} - 2 T_0\right) \approx 20.8 \text{ J}.$$

由于整个过程缓慢而稳定，所以气体对外作功等于水银重力势能的增加，即

$$W_2 = \rho S h g \frac{h}{2} \approx 4.16 \text{ J},$$

所以总的吸热为

$$Q = 20.8\text{ J} + 4.16\text{ J} \approx 25\text{ J}.$$
所有计算结果保留两位有效数字.

11. (20分)四块相同的正方形金属薄平板从左至右依次平行放置,任意两个相邻平板之间的距离都相等,且平板的边长远大于平板之间的间距. 平板从左至右依次编号为1,2,3,4,如图. 其中第1块带净电荷 $q_1(>0)$,第 $n$ 块上的净电荷 $q_n = nq_1$, $n = 1, 2, 3, 4$. 现将第1块和第4块板接地,忽略边缘效应. 问:

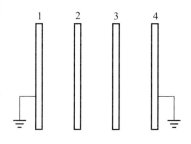

(1)从第1块板和第4块板流入大地的电荷量 $\Delta q_1$ 和 $\Delta q_4$ 分别为 $q_1$ 的多少倍?

(2)上述两板接地后,哪块板上的电势最高?求该电势的值,将其表示为两相邻极板之间的电容 $C$ 和 $q_1$ 的函数.

**解** (1)1接地后,左端带电量
$$q_{1\text{左}} = 0,$$
设 $q_{1\text{右}} = q_0$,则
$$q_{2\text{左}} = -q_0,$$
$$q_{2\text{右}} = 2q_1 + q_0,$$
$$q_{3\text{左}} = -2q_1 - q_0,$$
$$q_{3\text{右}} = 3q_1 + 2q_1 + q_0 = 5q_1 + q_0,$$
$$q_{4\text{左}} = -5q_1 - q_0,$$
$$q_{4\text{右}} = 0,$$
因此,3个板间电场强度分别为(取向右为正):
$$\frac{q_0}{\varepsilon_0 S}, \quad \frac{2q_1 + q_0}{\varepsilon_0 S}, \quad \frac{5q_1 + q_0}{\varepsilon_0 S},$$
1与4之间的电势差为
$$d\left(\frac{7q_1 + 3q_0}{\varepsilon_0 S}\right) = 0,$$
则有
$$q_0 = -\frac{7}{3}q_1,$$
所以
$$\Delta q_1 = q_1 - q_0 = q_1 + \frac{7}{3}q_1 = \frac{10}{3}q_1,$$
$$\Delta q_4 = 4q_1 - q_{4\text{左}} = 4q_1 + 5q_1 + q_0 = 9q_1 + q_0 = \frac{20}{3}q_1.$$

(2)从左到右3个区域中的电场分别为:
$$\text{负,负,正,}$$
因此,极板3电势最高,其电势的值为

$$U_3 = d\left(\frac{5q_1 + q_0}{\varepsilon_0 S}\right) = d\frac{8q_1}{3\varepsilon_0 S} = \frac{8q_1}{3C}.$$

**12.** (16分) 经典力学和量子力学对粒子的运动状态描述差异很大. 例如,如图所示,某质量为 $m$ 的粒子被约束在重力场中 $z=0$ 平面附近. 按照经典力学,该粒子可以在约束的作用下静止于 $z=0$ 的平面上,即该粒子的位置坐标 $z$ 和相应动量分量 $p_z$ 可以同时取确定值——"0". 但依据量子力学的不确定关系 $\Delta z \cdot \Delta p_z \geqslant h/4\pi$($h$ 为普朗克常量),该粒子位置坐标 $z$ 和相应动量分量 $p_z$ 不可以同时取确定值,即该粒子不可能静止于某一确定位置上. 考虑如上约束体系,但不考虑提供约束条件的微观动力学,按照量子力学的不确定关系,该粒子的能量(取经典动能与重力势能之和)应有最小取值,对应粒子状态称为"基态".

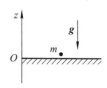

(1) 试估计该粒子处于基态时对应的位置坐标不确定度 $\Delta z$ 对参量 $m$,$h$ 及重力加速度 $g$ 的近似依赖关系;

(2) 已知普朗克常量为 $h = 2\pi \cdot 197$ MeV·fm/$c$,其中 $c = 3.0 \times 10^8$ m/s 为真空光速,$1$ fm $= 10^{-15}$ m. 试估算该约束条件下处于基态的电子(质量 $m_e = 0.51$ MeV/$c^2$)位置坐标不确定度 $\Delta z$(结果保留一位有效数字).

**解** (1) 取 $z=0$ 平面为重力势能的参考平面,
$$E = \frac{p_z^2}{2m} + mgz.$$

经典力学中,"基态"对应 $z=0$,$p_z=0$;量子力学中 $\Delta z \neq 0$,$\Delta p_z \neq 0$ 是对如上零值状态的偏离,故作为估计

$$E \approx \frac{(\Delta p_z)^2}{2m} + mg\Delta z \geqslant \frac{h^2}{32\pi^2 m (\Delta z)^2} + mg\Delta z$$

$$= \frac{h^2}{32\pi^2 m (\Delta z)^2} + \frac{1}{2}mg\Delta z + \frac{1}{2}mg\Delta z.$$

基态为能量最低状态,对应如上能量近似表达式取极小值,应有

$$\frac{h^2}{32\pi^2 m (\Delta z)^2} = \frac{1}{2}mg\Delta z,$$

$$\Delta z = \left(\frac{h^2}{16\pi^2 m^2 g}\right)^{1/3}.$$

(2) 代入数据

$$\Delta z = \left(\frac{h^2}{16\pi^2 m^2 g}\right)^{1/3} = \left(\frac{(h/2\pi)^2 c^4}{4m^2 c^4 g}\right)^{1/3}$$

$$= \left(\frac{(197 \times 10^{-15} \times 3 \times 10^8)^2}{4 \times 0.51^2 \times 9.8}\right)^{1/3} \text{m} \approx (3.4 \times 10^{-10})^{1/3} \text{m} \approx 7 \times 10^{-4} \text{m}.$$

# 2016 年试题

**一、多项选择题**(每题 4 分,共 16 分;全对得 4 分,其他情况均不得分)

1. 两个小球发生非弹性正碰撞,则( ):
   A. 在不同的参考系中观测,两个小球损失的总机械能不同;
   B. 两个小球接近的速度大于它们分离的速度;
   C. 两个小球损失的总机械能总大于 0;
   D. 在碰撞过程中非保守力对小球作了功.

   **解** 选 B,C,D

2. 如图,物体 A 由质量可忽略的轻环、轻杆和质量为 $m$ 的金属块组成,轻杆长度为环的直径,金属块固定在轻杆的 1/4 长度处.将物体 A 放置在倾角为 $\beta$ 的斜面上,假设物体 A 被限制在图中所示的二维竖直平面内运动并且只能纯滚动,则以下说法正确的是( ):

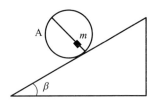

   A. $\beta=10°$时,物体 A 有两个稳定平衡位置;
   B. $\beta=20°$时,物体 A 有一个稳定平衡位置,一个不稳定平衡位置;
   C. $\beta=30°$时,物体 A 只有一个稳定平衡位置;
   D. $\beta=40°$时,物体 A 没有稳定平衡位置.

   **解** 选 B,D

3. 一均匀带电的橡皮气球在被均匀吹大的过程中( ):
   A. 气球内的电场强度始终相等;
   B. 气球内的电势始终不变;
   C. 气球表面单位面积受到的气球上的电荷的作用力始终相等;
   D. 气球掠过空间某固定点前后,该点电势的变化是连续的.

   **解** 选 A,D

4. 海市蜃楼现象亦称蜃景,若看到的蜃景位于实际物体的上方称为上现蜃景,反之称为下现蜃景,以下说法正确的是( ):
   A. 夏天晴朗的天气下,高速公路路面上出现的像"水"一样的蜃景为上现蜃景;
   B. 夏天晴朗的天气下,高速公路路面上出现的像"水"一样的蜃景为下现蜃景;
   C. 5 月份在蓬莱海面上出现的"都市"蜃景为上现蜃景;
   D. 5 月份在蓬莱海面上出现的"都市"蜃景为下现蜃景.

   **解** 选 B,C

**二、填空题**(每题 2 空,每空 3 分,共 24 分)

5. 高山速降滑雪比赛的一段赛道如图所示,竖直平面内,相对水平方向线倾角同为 60°的斜直赛道 $AB$,$DE$ 与半径同为 $R$ 的圆弧赛道 $\overset{\frown}{BC}$,$\overset{\frown}{CD}$ 平滑连接,即在连接点 $B$,$C$,$D$ 处相连的各分段赛道切线重合.已知 $B$,$C$,$D$ 位于同一水平高度,并设赛道摩擦及空气阻力可忽略. 运动员从 $A$ 处无初速下滑, 记 $A$ 点相对 $B$ 点的高度为 $h$, 若运动员在图示的赛道上某点会腾空而起, 则 $h$ 取值的下限为_____; 若运动员经一次腾空便可直接落到 $DE$ 段赛道, 则 $h$ 取值的下限为_____.

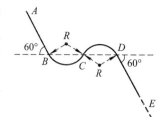

**解** (1) $R/4$; (2) $R$

6. 单原子分子理想气体所经 $A-B$, $B-C$, $C-D$, $D-A$ 四个直线过程如图所示. 其中温度最高的状态与温度最低的状态的温度之比为_____, 吸热量最大的直线过程与吸热量最小 (不含负值) 的直线过程的吸热量之比为_____.

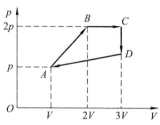

**解** (1) $6:1$; (2) $6:5$

7. 已知在没有电流的空间区域里磁感应线是平行直线, 则沿着磁感应线方向, 磁感应强度大小_____(填下列之一: 不变, 可以变化, 不能确定); 不同磁感应线上的磁感应强度的大小_____(填下列之一: 不变, 可以变化, 不能确定).

**解** (1) 不变; (2) 不变

8. 两只完全相同的乒乓球分别涂成黑色和白色, 在其连心线正中放置一球形白炽灯照明, 假设稳定后每只乒乓球各自温度处处相同, 则_____(填下列之一: 黑色, 白色) 乒乓球的温度更高. 两只完全相同的球形白炽灯分别涂成黑色和白色, 点亮稳定后_____(填下列之一: 黑色, 白色) 的白炽灯表面温度更高.

**解** (1) 黑色; (2) 白色

### 三、计算题(共 60 分)

9. (15 分) 光滑水平桌面上有两个相同的截面为直角三角形的光滑均匀物块, 质量同为 $m$, 倾角分别为 $30°$ 和 $60°$. 两个物块斜面之上放置一半径为 $r$、质量为 $4m$ 的匀质圆柱. 初始有外力保持两物块相互紧挨但不连接, 圆柱位置如图所示. 重力加速度设为 $g$, 求撤去外力后圆柱从开始下落到接触桌面瞬间所需时间(设过程中所有物体均无转动).

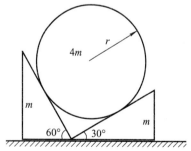

**解** 由于没有摩擦, 三个物体都没有转动运动, 只需分析其平动即可. 受力分析如题解图, 可列出动力学方程为

$$N_1\cos30° = ma_1,$$
$$N_2\cos60° = ma_2,$$
$$N_1\cos30° - N_2\cos60° = 4ma_x,$$
$$4mg - N_1\sin30° - N_2\sin60° = 4ma_y.$$

由于圆柱始终保持在斜面上滑动, 所以有连接条件

$$\sqrt{3}(a_x + a_1) = a_y,$$

$$a_2 - a_x = \sqrt{3} a_y.$$

解得

$$a_1 = \sqrt{3}g/4, \quad a_2 = \sqrt{3}g/2,$$
$$a_x = -\sqrt{3}g/16, \quad a_y = 9g/16,$$
$$N_1 = mg/2, \quad N_2 = \sqrt{3}mg.$$

圆柱中心竖直方向上初始高度为

$$\sqrt{2}r\cos(45°-30°) = \frac{\sqrt{3}+1}{2}r,$$

故圆柱刚要落地时中心竖直方向下降距离为

$$\frac{\sqrt{3}-1}{2}r,$$

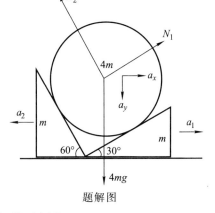

题解图

由圆柱竖直方向加速度 $a_y = 9g/16$,可求得整个过程历经的时间为

$$t = 4\sqrt{\frac{\sqrt{3}-1}{9}\frac{r}{g}}.$$

10. (15 分)一无限长密绕直螺线管置于真空中,单位长度匝数为 $n$,半径为 $R$,螺线管通有电流 $i(t) = kt + m$($k$, $m$ 为正的常量,$t > 0$),$t$ 时刻在螺线管内产生的磁场方向如图. $O$ 点位于螺线管的中心,若在此螺线管中放置一梯形线圈 $ABCD$,且 $OAB$, $ODC$ 各在一条直线上,$\overline{OB} = \overline{BC} = \overline{CO} = l$,$\overline{AB} = \frac{1}{2}\overline{OB}$,$l < R$. 求:

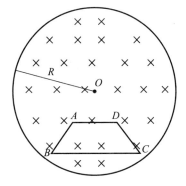

(1) $t$ 时刻螺线管内的磁感应强度 $B(t)$ 的大小;

(2) 此时 $A$, $B$, $C$, $D$ 各点涡旋电场的大小和方向;

(3) 梯形回路各段($\overline{AB}$, $\overline{BC}$, $\overline{CD}$, $\overline{DA}$)的感生电动势 $\mathscr{E}_{AB}$, $\mathscr{E}_{BC}$, $\mathscr{E}_{CD}$, $\mathscr{E}_{DA}$ 及整个回路的感生电动势 $\mathscr{E}$(取逆时针为回路正向);

(4) $t$ 时刻靠近螺线管内壁 $r \approx R$ 处的能流密度 $S$ 的大小和方向,能流密度的公式为 $S = E \times H$.

**解** (1) 在半径为 $R$ 的无限长密绕螺线管中,

$$B(t) = \mu n i(t) = \mu_0 n(kt + m).$$

(2) 在距 $O$ 为 $r$ 处,作半径为 $r$ 的环路,有

$$E = -\frac{r}{2}\frac{dB}{dt} = -\frac{r}{2}\mu_0 nk.$$

于是

$$E_A = E_D = \frac{l}{4}\mu_0 nk, \quad E_B = E_C = \frac{l}{2}\mu_0 nk,$$

方向均为以 $O$ 为圆心的圆的切线方向,沿逆时针.

(3) 因为

$$\overline{OB}=\overline{BC}=\overline{CO}=l, \qquad \overline{AB}=\frac{1}{2}\overline{OB},$$

添辅助线 $OA$, $OD$,

$$S_{\triangle OAD}=\frac{1}{2}\frac{l}{2}\frac{\sqrt{3}l}{4}=\frac{\sqrt{3}}{16}l^2, \qquad \mathscr{E}_{DA}=-\frac{dB}{dt}S_{\triangle OAD}=-\frac{\sqrt{3}}{16}\mu_0 nkl^2,$$

$$S_{\triangle OBC}=\frac{1}{2}l\frac{\sqrt{3}l}{2}=\frac{\sqrt{3}}{4}l^2, \qquad \mathscr{E}_{BC}=\frac{dB}{dt}S_{\triangle OBC}=\frac{\sqrt{3}}{4}\mu_0 nkl^2.$$

故有

$$\mathscr{E}_{AB}=0, \qquad \mathscr{E}_{BC}=\frac{\sqrt{3}}{4}\mu_0 nkl^2, \qquad \mathscr{E}_{CD}=0, \qquad \mathscr{E}_{DA}=-\frac{\sqrt{3}}{16}\mu_0 nkl^2,$$

$$\mathscr{E}=\mathscr{E}_{BC}+\mathscr{E}_{DA}=\left(\frac{\sqrt{3}}{4}-\frac{\sqrt{3}}{16}\right)\mu_0 nkl^2=\frac{4\sqrt{3}-\sqrt{3}}{16}\mu_0 nkl^2=\frac{3\sqrt{3}}{16}\mu_0 nkl^2.$$

（也可以求梯形面积，$S_{ABCD}=\frac{1}{2}\left(l+\frac{l}{2}\right)\times\frac{\sqrt{3}}{4}l=\frac{3\sqrt{3}}{16}l^2$，然后再计算）

(4) $t$ 时刻 $r\approx R$ 处的

$$B(t)=\mu_0 n(kt+m), \qquad E=\frac{R}{2}\mu_0 nk,$$

所以，能流密度为

$$\mathbf{S}=\mathbf{E}\times\mathbf{H}, \qquad S=EH=E\frac{B}{\mu_0}=\left(\frac{R}{2}\mu_0 nk\right)[n(kt+m)]=\frac{R}{2}\mu_0 n^2 k(kt+m),$$

方向指向螺线管中心.

11. (15分) 如图所示，底部封口，顶部开口，横截面积为 $S$ 的绝热圆柱形容器，放在水平地面上. 容器内有一个质量为 $m$ 的匀质绝热挡板在下，另一个质量可略的绝热活塞在上，活塞与容器顶端相距甚远. 挡板下方容积为 $V_0$ 的区域内，盛有摩尔质量为 $\mu_1$，摩尔数（即物质的量）为 $\nu_1$ 的单原子分子气体；挡板与活塞之间容积为 $V_0$ 的区域内，盛有摩尔质量为 $\mu_2$，摩尔数为 $\nu_2$ 的双原子分子气体. 挡板和活塞与容器内壁间无空隙，且都可以无摩擦地上、下滑动. 设两种气体均已处于平衡态，而后将挡板非常缓慢、绝热且无漏气地从容器壁朝外抽出，最终形成的混合气体达到热平衡态. 设整个过程中双原子分子的振动自由度始终未被激发. 将大气压强记为 $p_0$，设 $m=p_0 S/g$，将 $\mu_1$, $\nu_1$, $\mu_2$, $\nu_2$, $p_0$, $V_0$ 处理为已知量，试解答下列各小问：

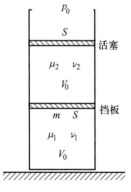

(1) 将末态混合气体内的单原子分子气体和双原子分子气体密度分别记为 $\rho_1$ 和 $\rho_2$，试求比值 $\rho_1 : \rho_2$；

(2) 再求混合气体的体积 $V$.

**解** (1) 将末态混合气体体积记为 $V$，则可得

$$\rho_1=\frac{\nu_1\mu_1}{V}, \qquad \rho_2=\frac{\nu_2\mu_2}{V},$$

$$\Rightarrow \frac{\rho_1}{\rho_2} = \frac{\nu_1 \mu_1}{\nu_2 \mu_2}.$$

（2）初态上、下气体压强分别为 $p_0$，$2p_0$，温度分别为 $T_2$，$T_1$，末态压强为 $p_0$，体积为 $V$，温度记为 $T$. 则有

$$\begin{cases} p_0 V_0 = \nu_2 R T_2, \\ 2p_0 V_0 = \nu_1 R T_1, \end{cases}$$

$$\Rightarrow \begin{cases} \nu_2 T_2 = \dfrac{p_0 V_0}{R}, \\ \nu_1 T_1 = \dfrac{2p_0 V_0}{R}. \end{cases} \quad \text{①}$$

又有

$$\left(\nu_1 \frac{3}{2}R + \nu_2 \frac{5}{2}R\right) T = \nu_1 \frac{3}{2} R T_1 + \nu_2 \frac{5}{2} R T_2,$$

$$\Rightarrow T = \frac{3\nu_1 T_1 + 5\nu_2 T_2}{3\nu_1 + 5\nu_2}. \quad \text{②}$$

与①式联立，可解得

$$T = \frac{11}{3\nu_1 + 5\nu_2} \frac{p_0 V_0}{R}. \quad \text{③}$$

与末态方程

$$p_0 V = (\nu_1 + \nu_2) R T \quad \text{④}$$

联立，即可解得

$$V = \frac{11(\nu_1 + \nu_2)}{3\nu_1 + 5\nu_2} V_0.$$

**12.**（15 分）氢原子基态能量为 $-13.6$ eV，质子质量为 $936$ MeV$/c^2$，电子质量为 $0.51$ MeV$/c^2$，其中 $c = 3.0 \times 10^8$ m/s 为真空光速．初始静止的处于第一激发态的氢原子，跃迁到基态所辐射光子的频率记为 $f_1$；初始静止的处于基态的氢原子，跃迁到第一激发态所吸收的光子频率记为 $f_2$. 请基于玻尔氢原子理论和光量子理论作如下估算（结果均保留一位有效数字即可）：

（1）初始静止的处于第一激发态的氢原子，跃迁回到基态后的速度大小 $v$；

（2）题文中所列的两种频率的相对偏差 $|f_2 - f_1|/f_1$.

**解**（1）记静止的处于第一激发态的氢原子质量为 $m_1$（或令跃迁后基态氢原子质量为 $m_1$，非相对论极限下等同），由动量守恒和能量守恒，

$$\begin{cases} m_1 v \approx \dfrac{h f_1}{c}, \quad \text{①} \\ \dfrac{1}{2} m_1 v^2 + h f_1 \approx h f_0 = \dfrac{3}{4} \times 13.6 \text{ eV} = 10.2 \text{ eV}, \quad \text{②} \end{cases}$$

$f_0$ 是玻尔理论中第一激发态到基态的跃迁频率．作为估算

$$m_1 \approx 936 \text{ MeV}/c^2,$$

综合①②式 $\left(h f_1 \ll m_1 c^2; \; m_1 v^2 \sim \dfrac{(h f_1)^2}{m_1 c^2} \ll h f_1\right)$

$$v = \frac{hf_1}{m_1 c} \approx \frac{hf_0}{m_1 c} \approx \frac{10.2}{936 \times 10^6} \times 3.0 \times 10^8 \text{ m/s} \approx 3 \text{ m/s}.$$

(2) 记静止的处于基态的氢原子质量为 $m_2$（或令跃迁后第一激发态氢原子质量为 $m_2$，非相对论极限下等同），吸收光子后速度为 $v_2$，由能量守恒和动量守恒

$$\begin{cases} m_2 v_2 \approx \dfrac{hf_2}{c}, & \text{③} \\ \dfrac{1}{2} m_2 v_2^2 + hf_0 \approx hf_2. & \text{④} \end{cases}$$

综合①②式，

$$h(f_0 - f_1) \approx \frac{1}{2} m_1 v^2 \approx \frac{1}{2} \frac{(hf_1)^2}{m_1 c^2} \approx \frac{1}{2} \frac{(hf_0)^2}{m_1 c^2},$$

综合③④式，

$$h(f_2 - f_0) \approx \frac{1}{2} m_2 v_2^2 \approx \frac{1}{2} \frac{(hf_2)^2}{m_2 c^2} \approx \frac{1}{2} \frac{(hf_0)^2}{m_2 c^2}.$$

其中 $m_2 \approx m_1 \approx 936 \text{ MeV}/c^2$. 因此

$$h(f_2 - f_1) \approx \frac{(hf_0)^2}{m_1 c^2},$$

$$\frac{|f_2 - f_1|}{f_1} \approx \frac{|f_2 - f_1|}{f_0} \approx \frac{hf_0}{m_1 c^2} \approx \frac{10.2}{936 \times 10^6} \approx 1 \times 10^{-8}.$$

# 2017年试题(初试)

选择题(单选,每题5分,20题,共100分)

1. 不考虑地球自转的影响,飞机往返于同一经线上南部 A 城和北部 B 城之间的路程,与往返于同一纬线上东部 C 城和西部 D 城之间的路程相同.以相同的空速(飞机相对于所在区域空气的速度)飞行,飞行中遇到风速恒定的西风,以下说法中正确的是(　　):

A. 从 A 城到 B 城比 B 城到 A 城的飞行时间更长;

B. 从 B 城到 A 城比 A 城到 B 城的飞行时间更长;

C. 从 C 城到 D 城比 D 城到 C 城的飞行时间更长;

D. 从 D 城到 C 城比 C 城到 D 城的飞行时间更长.

**解**　选 C

2. 两个小球 $a$ 和 $b$ 质量相同,$a$ 球从高度 $h$ 处落向地面,同时 $b$ 球从图示位置($l$ 已知)以初速度大小为 $v_0$ 向斜上方运动,则下面的情况中可能发生的是(　　):

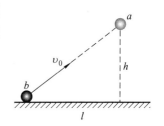

A. 在 $t_0=\sqrt{2h/g}$ 时,两球同时落地;

B. $a$ 球比 $b$ 球先落地,时间相差 $t=\sqrt{l^2+h^2}/v_0$;

C. $b$ 球比 $a$ 球先落地,时间相差 $t=\sqrt{l^2+h^2}/v_0$;

D. 两球可能相遇,但条件是 $v_0 > \sqrt{\dfrac{l^2+h^2}{2h}g}$.

**解**　选 D

3. 假设烟花在高空爆炸时,向各方向飞出的碎片的速率相同,则随着上述碎片下落(未落地)过程中,碎片所在的曲面为(　　):

A. 双曲面;　　　　　　　　　B. 抛物面;

C. 球面;　　　　　　　　　　D. 旋转椭球面的一半.

**解**　选 C

4. 一桶水以匀角速度绕桶的竖直轴旋转,当水与桶相对静止时,桶内水的表面可以看作(　　)的一部分绕其对称轴转动所形成的旋转曲面:

A. 抛物线;　　　　　　　　　B. 椭圆;

C. 双曲线;　　　　　　　　　D. 正弦曲线.

**解**　选 A

5. 设想通过地球的直径凿通一条隧道,今在隧道的一端由静止释放一个苹果.假定地球的质量分布是均匀的,不计空气的摩擦以及其他阻力,则苹果的运动速度随时间变化的函数曲线为(　　):

A. 抛物线;　　　　　　　　　B. 椭圆;

C. 双曲线;　　　　　　　　　D. 正弦曲线.

**解**　选 D

6. 现有竖直悬挂着的两根绳,一根有弹性,另一根不可伸长.弹性绳的自然长度与另一根相同,其质量均可忽略.现有两人分别握住这两根绳的下端,从无初速度状态开始缓慢向上攀爬至悬点静止,则在上述过程中(   ):

A. 攀爬弹性绳的人所作的功显著多于另一人;

B. 攀爬不可伸长绳的人所作的功显著多于另一人;

C. 两人谁作的功多,无法确定;

D. 两人所作的功基本相等.

**解** 选 D

7. 将一个小皮球放在一个大皮球的上面(小皮球质量可忽略),自距离地面高 $h$ 处使它们一起自由下落.当它们落到地面上反弹后(假定所有的碰撞是完全弹性碰撞),小球将会跳到(   )的高度:

A. $h$;  B. $2h$;  C. $4h$;  D. $9h$.

**解** 选 D

8. 已知空气分子的有效直径约为 $3.7 \times 10^{-10}$ m,常温(25 ℃),常压(1.0 atm = 101 325 Pa)下单位体积内的空气分子数约为 $2.5 \times 10^{25}/m^3$. 质子加速器中质子的速度远大于空气分子的平均速度,质子的直径远小于空气分子直径;加速器管道长度约为 $2.0 \times 10^3$ m. 为使质子在高真空管道内与低气压空气分子连续两次碰撞之间运动的平均距离约为管道长度,那么加速器管道内空气压强的数量级应为(   ):

A. $10^{-6}$ Pa;  B. $10^{-5}$ Pa;  C. $10^{-4}$ Pa;  D. $10^{-3}$ Pa.

**解** 选 B

9. 水通过浸润可以在毛细管壁中上升到高度 $H$. 如图放置的毛细管,一端插入水槽中,另一端在水槽外,则开口处液面可能的形状是(   ):

A. 液面凹入管口内部;

B. 液面凸出管口外部;

C. 水会流出来,类似虹吸现象;

D. 水会沿管流到右端与水槽液面持平处,液面向下凸出,但不会到达开口处.

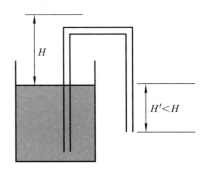

**解** 选 B

10. 导体球壳 A 的空腔内,放置了两个导体 B 和 C,让 A 和 C 不带电,B 带一定量的正电荷,下面说法正确的是(   ):

A. 由于内部有电荷,导体球壳 A 不能起到静电屏蔽作用;

B. 导体球壳 A 的壳层材料内有电场,但不影响空腔外部的电场分布;

C. 导体 C 和导体球壳 A 都带与导体 B 等量的负电荷;

D. 三个导体的电势不同,但电势最低的是空腔 A.

**解** 选 D

11. 电子感应加速器是涡旋电场存在的重要的例证.由交变电流励磁的电磁铁产生变化的磁感应强度,从而在环形真空室内感应出很强的涡旋电场.用电子枪把电子沿切线方向注入到环形真空室,电子在涡旋电场的作用下被加速,同时在磁场里受到洛伦兹力的作用,沿圆形轨道运动. 在励磁电流交变的一个周期过程中,有( )区间能用于加速电子:

A. 全周期;　　　　B. 1/2 周期;　　　　C. 1/4 周期;　　　　D. 1/8 周期.

**解** 选 C

12. 在无穷大格子中,元件按照图示连接. 所有元件的电阻均为 $R$,则相邻的两个格点 $A$,$B$ 之间的等效电阻是( ):

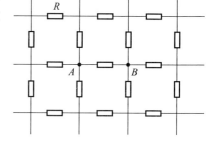

A. $R/8$;
B. $R/4$;
C. $R/2$;
D. $R$.

**解** 选 C

13. 如图所示,三根等长的带电绝缘细棒首尾相接构成三角形,其中电荷的分布同于将绝缘棒都换成等长导体棒且已达到静电平衡时的电荷分布. 测得图中 $A$ 点,$B$ 点电势分别为 $U_A$ 和 $U_B$. 设将 $ab$ 棒,$bc$ 棒,$ca$ 棒中任何一个取走,都不会影响余下两根棒的电荷分布. 将仅取走 $ab$ 棒后 $A$,$B$ 点电势分别记为 $U'_A$,$U'_B$;将仅取走 $bc$ 棒后 $A$,$B$ 点电势分别记为 $U''_A$,$U''_B$;则应有( ):

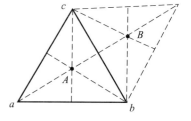

A. $U'_A = \frac{2}{3}U_A$,$U'_B = \frac{1}{6}U_A - \frac{1}{2}U_B$;　　　B. $U'_A = \frac{2}{3}U_A$,$U'_B = \frac{1}{6}U_A + \frac{1}{2}U_B$;

C. $U''_A = \frac{2}{3}U_A$,$U''_B = U_A - \frac{1}{3}U_B$;　　　D. $U''_A = \frac{2}{3}U_A$,$U''_B = \frac{1}{6}U_A - \frac{1}{2}U_B$.

**解** 选 B

14. 一金属立方块在均匀稳定的磁场中运动,则( )情况下,金属块中有涡旋电流:

A. 金属块转动,转轴与磁场平行;
B. 金属块沿磁场方向平动;
C. 金属块转动,转轴与磁场夹角为锐角;
D. 金属块沿垂直于磁场的方向平动.

**解** 选 C

15. 在实验室里观察牛顿环实验现象,可能观察到的是( ):

A. 圆环中心处是暗点,靠近边缘条纹越来越密;
B. 使用白光光源时,圆环中心出现彩色亮斑点;
C. 减小薄膜厚度时,条纹从中心冒出;
D. 光源为红光时条纹的半径总比蓝光时条纹的半径小.

**解** 选 A

16. 一个人通过近视眼镜观察远处一个静止不动的物体，将眼镜自眼睛逐渐移远，能观察到远处物体的大小会发生（    ）：

    A. 先变大再变小，物距等于焦距时最大；

    B. 先变小再变大，物距等于焦距时最小；

    C. 先变小再变大，物距等于眼睛到物体间距的一半时最小；

    D. 一直变小，物距为零时最小.

    **解**  选 C

17. 电子由静止开始经过加速电场获得速度. 为了使计算得到的速度误差在1%以内，则当加速电压逐步上升到（    ）时，就必须要开始考虑相对论效应（已知电子的静止质量为 $9.1 \times 10^{-31}$ kg，电量为 $1.6 \times 10^{-19}$ C）.

    A. 8000 V        B. 6000 V        C. 4000 V        D. 2000 V

    **解**  选 A

18. 在地球表面上，将一个电子装入一个足够大的立方体容器，由于重力作用，电子倾向于分布在容器底部的一"层"范围内，由不确定关系估算该"层"的厚度约为（    ），已知约化普朗克常量为 $\hbar = \dfrac{h}{2\pi} = 1.05 \times 10^{-34}$ kg·m²/s，重力加速度取为 9.8 kg·m/s².

    A. 1 μm；        B. 1 mm；        C. 1 cm；        D. 1 m.

    **解**  选 B

19. 人们在地球上观测发现宇宙微波背景辐射不是严格各向同性，而是有很小的偶极各向异性，即沿某一方向 $A$ 它有红移，在相反的方向 $B$ 则有蓝移. 这说明我们所在的星球相对于微波背景辐射（    ）：

    A. 静止；                                  B. 有垂直于 $AB$ 方向的运动；

    C. 沿 $A$ 方向运动；                    D. 沿 $B$ 方向运动.

    **解**  选 D

20. 一束波长 600 nm、功率 1 W 的圆偏振光垂直投射到一镀银全反射镜转盘上，单位时间内入射的光子数目和转盘受到的冲量（kg·m/s）为（    ）：

    A. $3.02 \times 10^{18}$，$3.33 \times 10^{-9}$        B. $3.02 \times 10^{19}$，$3.33 \times 10^{-10}$

    C. $3.31 \times 10^{18}$，$3.33 \times 10^{-9}$        D. $3.31 \times 10^{19}$，$3.33 \times 10^{-10}$

    **解**  选 A

# 2017年试题(博雅计划)

## 一、选择题(单选,每题4分,共16分)

1. 在一个竖直平面内有三个小球A,B,C,某时刻它们恰好位于每边长为2 m的正方形三个顶点上,方位如图所示。设此时B以1 m/s的初速度竖直向下运动,C(位于B的正下方)无初速地自由下落,A则以某个初速度$v_A$开始自由运动。不计空气阻力,设C离地足够高,若三球能在空中同时相碰,则$v_A$的大小$v_A$和$v_A$的水平分量$v_{A/\!/}$分别为(   ):

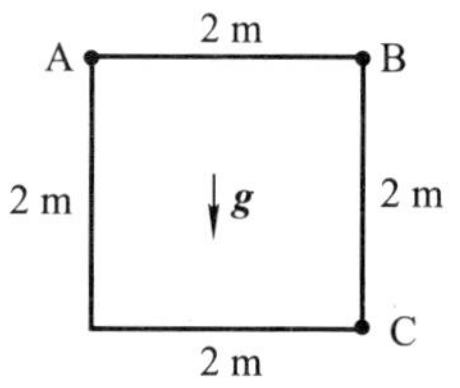

A. $v_A=\sqrt{2}$ m/s, $v_{A/\!/}=1$ m/s;

B. $v_A=\sqrt{5}$ m/s, $v_{A/\!/}=1$ m/s;

C. $v_A=\sqrt{5}$ m/s, $v_{A/\!/}=2$ m/s;

D. 因题文未给出取$g=10$ m/s², 还是取$g=9.8$ m/s², 故无法判定上述三个选项各自是否正确。

**解** 选A

2. 1 mol标准状况下的理想气体处于容器中,容器壁温度瞬间变为$T_1$,则以下说法正确的是(   ):

A. $T_1>273.15$ K时,气体作用在器壁上的压强大于一个大气压;

B. $T_1>273.15$ K时,气体作用在器壁上的压强等于一个大气压;

C. $T_1<273.15$ K时,气体作用在器壁上的压强大于一个大气压;

D. $T_1<273.15$ K时,气体作用在器壁上的压强等于一个大气压。

**解** 选A

3. 6块均匀带电、相同的绝缘正方形面板连接成的立方体匣子,放在$Oxyz$坐标空间中。立方体中心点位于$O$处,沿$z$轴方向的$AB$棱上的中点记为$C$,与$y$轴垂直的右侧面板中心点记为$D$。将$O$点、$C$点、$D$点的电场强度矢量分别记为$E_O$,$E_C$,$E_D$,则下述判定中正确的是(   ):

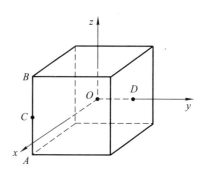

A. $E_O$, $E_C$, $E_D$均不为零;

B. $E_O$, $E_C$, $E_D$均为零;

C. $E_O$, $E_C$, $E_D$中有两个不为零,它们各自的$x$,$y$,$z$方向分量中有两个不为零;

D. $E_O$, $E_C$, $E_D$中仅有一个不为零,它沿$x$,$y$,$z$方向的分量中只有一个不为零。

**解** 选D

4. 光强一定条件下,用紫外线照射锌板,会发现有光电子逸出,而用可见光照射锌板则没有光电子逸出,以下说法正确的是(   ):

A. 增加紫外线的频率,则会有更多的光电子逸出;

B. 增加紫外线的光强,则会有更多的光电子逸出;
C. 增加可见光的光强,则有可能逸出光电子;
D. 减小紫外线的光强,则逸出光电子的动能减小.

**解** 选 B

## 二、填空题(每题两空,每空 3 分,共 24 分)

5. 台球桌上,静止的白球、红球与落袋洞口三点共线,且白球与红球,红球与袋口间距离均为 $l$. 白红两球质量均为 $m$,球与桌面之间摩擦系数为 $\mu$,球的直径远小于 $l$,可处理为质点. 令白球碰撞红球使之落入球袋内,设两球间的碰撞为弹性碰撞,为使得红球刚好能落入袋中,那么白球与红球碰撞前瞬间的速度是_____,开始时对白球施加的瞬时冲量是_____.

**解** (1) $\sqrt{2\mu gl}$;(2) $2m\sqrt{\mu gl}$

6. 实验室中常用可变电阻调节电路的电流或电压. 为了使用方便,会有两个可调的电阻,一个为粗调,一个为细调. 如图所示电路中的两个电阻 $R_1$ 较大,$R_2$ 较小,请判断串联电路中_____电阻是粗调,并联电路中_____电阻是粗调.

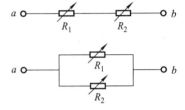
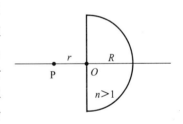

**解** (1) $R_1$;(2) $R_2$

7. 如图所示,实验室桌上有一个半径为 $R$,折射率 $n>1$ 的玻璃半球,其主光轴上有一点状发光物 P. P 在半球平面左侧,与球心 $O$ 相距 $r<R$. P 在主光轴上形成两个点状的像,其一是经玻璃半球的平面反射形成的像;其二是先经平面折射,再经凹球面反射,最后再经平面折射成的像. 其中虚像的个数为_____(填 0,1 或 2);在 $O$ 点右侧的像个数为_____(填 0,1 或 2).

**解** (1) 2;(2) 2

8. 一块足够大的黑体(入射到黑体的热辐射全部被吸收,黑体按固定规律向外发出热辐射)薄板 A,内部有均匀分布的核反应供热,核反应功率恒定;平衡时,薄板表面温度为 $T$. 若其他条件不变,将另一无内部热源(核反应)的相同黑体薄板 B 与 A 正对放置,再次达到稳定时,A 的温度 $T_A=$_____$T$,B 的温度 $T_B=$_____$T$. 已知黑体热辐射功率正比于该黑体温度的四次方.

**解** (1) $\sqrt[4]{\dfrac{4}{3}}$;(2) $\sqrt[4]{\dfrac{2}{3}}$

## 三、计算题(每题 15 分,共 60 分)

9. 质谱仪分析同位素质量的原理如图. 带电量相同、质量不同的两种同位素离子以相同速度经过滤速器(即速度选择器)后,垂直磁场方向进入磁感应强度为 $\boldsymbol{B}$ 的均匀磁场中. 测得质量 $m_1$ 的离子偏转距离为 $x_1$,待测同位素离子偏转距离为 $x_2$.

(1) 说明滤速器的原理；

(2) 计算待测同位素离子质量 $m_2$.

**解** (1) 速度选择器的原理：见题解图，洛伦兹力和电场力平衡的条件下，$\mathbf{F}_e + \mathbf{F}_m = 0$，即
$$q\mathbf{E} + q\mathbf{v} \times \mathbf{B}' = 0$$
时，离子运动不变，得离子的速度
$$v = \frac{E}{B'}.$$

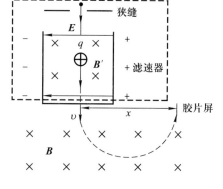

(2) 在质谱仪中，离子以该速度进入 $B$ 磁场，回旋半径 $R = \dfrac{mv}{qB}$，则有
$$x = 2R = \frac{2mv}{qB} = \frac{2mE}{qBB'},$$
$$m_1 = \frac{qBB'x_1}{2E}, \quad m_2 = \frac{qBB'x_2}{2E},$$
$$\Rightarrow \frac{m_1}{m_2} = \frac{x_1}{x_2}, \text{ 即 } m_2 = \frac{x_2}{x_1}m_1.$$

10. 如图，一个截面为等腰三角形的玻璃三棱镜底面水平，悬空放置，两个腰与底边的夹角均为 $\theta$. 现有一束光，沿图示方向水平入射，在棱镜内部经由玻璃和空气的界面（即底面）发生全反射，然后又折射回空气中. 已知玻璃的折射率为 $\sqrt{2}$，试求 $\theta$ 角的取值范围.

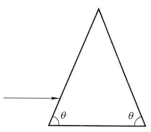

**解** 见题解图，由折射定律，光第一次入射棱镜时应有关系式

$$n_a \sin\left(\frac{\pi}{2} - \theta\right) = n_g \sin\phi,$$

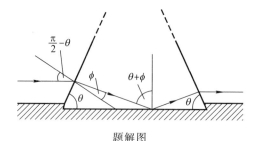

题解图

$n_g$ 和 $n_a$ 分别为玻璃和下底面空气的折射系数. 此外由简单的几何关系不难得到，在光线与玻璃-空气表面相交处，入射光线和表面法线方向之间的夹角（玻璃和空气的界面上发生反射时的入射角）为 $\theta + \phi$. 如果要发生全反射，它必须大于 $\arcsin(n_a/n_g)$.

这两个条件结合起来，并考虑到公式 $\sin(\theta + \phi) = \sin\theta\cos\phi + \cos\theta\sin\phi$，消去 $\phi$ 得到
$$n_g^2 - n_a^2 \geq \cos^2\theta(n_g^2 + 1 - 2n_a).$$

把玻璃和空气的折射率代入上式，得
$$\cos^2\theta \leqslant 1, \quad \Rightarrow \quad \cos\theta \leqslant 1,$$
即可得到结果为 $\theta \geqslant 0°$.

11. 如图，一个带正电的质量为 $m$ 的小球，被一根长为 $l$ 的绝缘线悬起，线的质量可以忽略不计. 另一个带正电的小球从距离很远的地方在外力作用下缓慢运动，直到它到达第一个小球的初始位置. 结果第一个小球相对于原来的位置偏离了角度 $\theta$. 计算该过程中外力作功. 设重力加速度为 $g$.

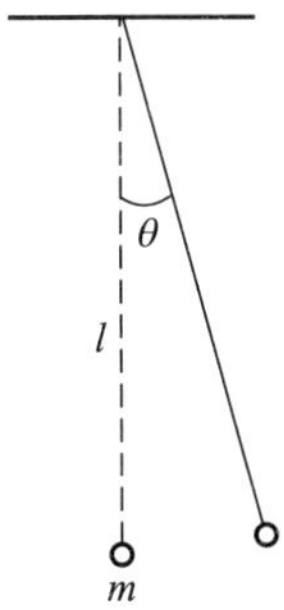

**解** 见题解图，第一个小球平衡条件为
$$\frac{mg}{F} = \frac{l}{x},$$
其中
$$F = k\frac{qQ}{x^2}$$
为作用在第一个小球上的库仑力，$x$ 是带电量为 $q$ 和 $Q$ 的两个小球之间的距离.

显然，$\triangle ABD$ 与 $\triangle CAE$ 相似，因此有
$$\frac{x}{2} : l = h : x.$$

由上面给出的三个方程，计算出两个电荷分开的距离以及系统的静电能为
$$x = k\frac{qQ}{2mgh} \quad 和 \quad E_e = k\frac{qQ}{x} = 2mgh.$$

静电能和重力势能之和即等于外力作功 $W$：
$$W = 2mgh + mgh = 3mgh = 3mgl(1-\cos\theta).$$

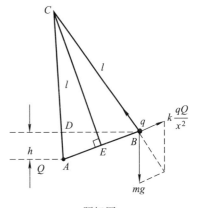
题解图

上式结果表明，作功与电量大小无关.

12. 如图所示，倾角 45° 的绝缘斜面上设置 $Oxy$ 坐标平面，$x$ 轴平行于斜面底边. 斜面上有沿着 $x$ 轴反方向的匀强静电场，场强为 $E$. 斜面上正方形 $OABC$ 的每条边长 $l$，位于 $O$ 点的质量 $m$、电量 $q > 0$ 的滑块 P 具有沿 $OB$ 方向的初速度 $v_0$. P 在运动过程中与斜面的摩擦系数 $\mu$ 处处相同，P 运动到 $B$ 处刚好停下.

(1) 确定 $\mu$ 的取值范围；
(2) 设 $\mu$ 为 (1) 问取值范围内的一个给定常量，$l$ 也为已给定的常量，试求 $v_0$；
(3) 再求 $E$.

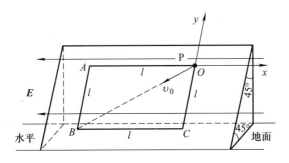

**解** 参考题解图已示出的线量和角量,可得

$$\sin\theta = \frac{\frac{\sqrt{3}}{2}l}{\sqrt{2}l} = \frac{\sqrt{3}}{2}, \quad \Rightarrow \quad \theta = 60°.$$

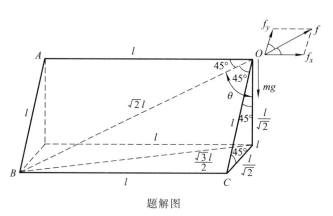

题解图

P 对斜面正压力 **N**(图中未画出)、P 受斜面摩擦力 **f** 及其两个分量 $f_x$, $f_y$ 分别为

$$N = mg\cos\left(\frac{\pi}{2} - \theta\right) = mg\sin\theta,$$

$$f = \mu N = \mu mg\sin\theta,$$

$$f_x = f_y = f\cos 45° = \frac{1}{\sqrt{2}}\mu mg\sin\theta = \frac{\sqrt{3}}{2\sqrt{2}}\mu mg.$$

(1) P 沿 OC 方向分运动加速度为

$$a_y = -(f_y - mg\cos 45°)/m = -\frac{1}{2\sqrt{2}}(\sqrt{3}\mu - 2)g,$$

为使 P 沿 OC 方向作减速运动,要求 $a_y < 0$,即 $\mu$ 取值范围为 $\mu > \frac{2}{\sqrt{3}}$.

(2) 为使 P 在 B 处停下,要求 P 沿 OC 方向分运动在到达 C 时速度为零,即要求

$$v_{0y}^2 = 2|a_y|l, \quad \text{而 } v_{0y} = -v_0\cos 45° = -\frac{1}{\sqrt{2}}v_0,$$

得 $v_0 = \sqrt{\sqrt{2}(\sqrt{3}\mu - 2)gl}$.

(3) 为使 P 在 B 处停下,要求 P 沿 OA 方向分运动在到达 A 时速度也为零. 考虑到 P 沿 OA 方向分运动初速度与 P 沿 OC 方向分运动初速度相同,即

$$v_{0x} = v_{0y} = -v_0\cos 45° = -\frac{1}{\sqrt{2}}v_0,$$

运动路程 $l$ 也相同,只要 P 沿 OA 方向分运动加速度 $a_x = a_y$,则 P 沿 OA 方向分运动在到达 A 时速度也必为零. 考虑到 $f_x = f_y$,

$$a_x = -(f_x - qE)/m = -(f_y - qE)/m,$$

$$a_y = -(f_y - mg\cos 45°)/m,$$

若
$$a_x = a_y,$$
则
$$qE = mg\cos 45° = \frac{1}{\sqrt{2}}mg,$$
即得 $E = \dfrac{mg}{\sqrt{2}\,q}$.

# 2018年试题

**一、选择题(单选,每题4分,共16分)**

1. 能量较高的光子经过原子核附近,可以转化为电子和正电子对. 某实验过程发现在 0.05 T 的磁场中,电子和正电子运动的曲率半径均是 90 mm,则入射光子的能量是( )MeV:

   A. 1.35        B. 1.45        C. 2.7        D. 2.9

   **解** 选 D

2. 在湖面下 50.0 m 深处(温度为 4.0 ℃),有一个体积为 $1.0\times10^{-6}$ m³ 的空气泡缓慢上升到湖面上来,若湖面的温度为 17.0 ℃,则气泡到达湖面的体积是( )$\times10^{-6}$ m³(取大气压强 $p_0=1.013\times10^5$ Pa):

   A. 1.05        B. 6.11        C. 12.4        D. 24.8

   **解** 选 B

3. 在双缝干涉实验中,若单色光源 S 到两狭缝 $S_1$ 和 $S_2$ 距离相等,则观察屏上中央亮条纹位于图中 O 处,现将光源 S 向下移动到图中的 S′ 位置,则( ):

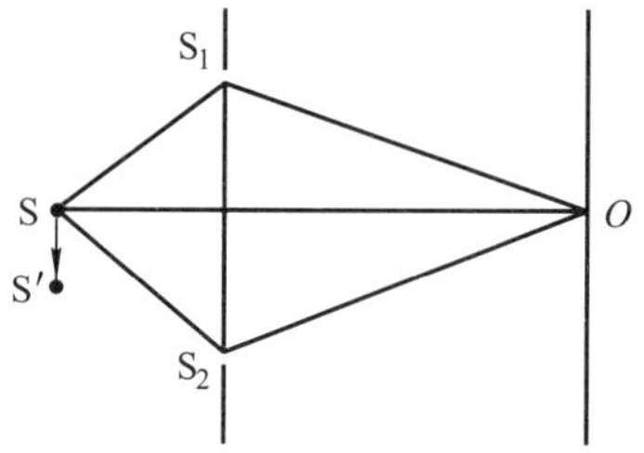

   A. 中央亮纹向上移动,且条纹间距增大;

   B. 中央亮纹向上移动,且条纹间距不变;

   C. 中央亮纹向下移动,且条纹间距增大;

   D. 中央亮纹向下移动,且条纹间距不变.

   **解** 选 B

4. 开有一个小孔的绝缘金属壳内放置一个带正电的金属小球 B,将另一个带正电的试探电荷 A 从外部移近金属壳,以下是对不同情形分析电荷 A 的受力:

   (1) 金属壳和小球 B 不接触,电荷 A 受到吸引力的作用;

   (2) 先通过小孔移走小球 B(移动过程中不与金属壳接触),电荷 A 不受到力的作用;

   (3) 金属壳与小球 B 接触,再移走 B,则电荷 A 受排斥力;

   (4) 金属壳和小球 B 不接触,但金属壳接地,电荷 A 受吸引力;

   (5) 将金属壳接地后,移走 B,再拆除接地线,电荷 A 不受力.

   上述说法正确的是( ):

   A. (1)和(4);                  B. (2)和(3);

   C. (3)和(4);                  D. (4)和(5).

   **解** 选 C

**二、填空题(每题两空,每空3分,共24分)**

5. 公路的转弯处是半径 R 的圆形弧线,其坡度是按车速 $v$ 设计的,在此车速时轮胎恰好不受路面沿斜坡面向上或向下的力(即在轮胎运动的左右方向没有受力),则公路路面倾角 $\theta$ 的表达式 $\tan\theta=$ _____. 雪后公路上结冰,若汽车以 $u(u<v)$ 的速度行驶(设

$R=200$ m, $v=60$ km/h, $u=40$ km/h),车胎与路面的摩擦系数 $\mu$ 至少为_____时,才能保证汽车在转弯时不至于打滑.

**解** (1) $\dfrac{v^2}{Rg}$;(2) 0.078

6. 如图,由两个劲度系数同为 $k$ 的轻质弹簧和质量为 $M$ 的平板组成的系统(弹簧及平板底面均水平),平衡时两弹簧处于自由伸长状态,如果忽略摩擦力,则系统水平运动的周期 $T_1=$_____.如果平板下面放有两个相同质量 $m$ 的匀质圆柱体,平板运动时,圆柱做无滑纯滚动,则系统运动周期 $T_2$_____$T_1$(填写">","="或"<").

**解** (1) $2\pi\sqrt{\dfrac{M}{2k}}$;(2) >

7. 正六边形的边长为 $a$,各顶点有正点电荷 $q$,中心有负点电荷 $-2q$.任意一个顶点处的点电荷和其他点电荷相互作用的静电能 $W_1=$_____,此点电荷体系的总的相互作用静电能 $W_2=$_____.

**解** (1) $\dfrac{q^2}{4\pi\varepsilon_0 a}\left(\dfrac{2}{\sqrt{3}}+\dfrac{1}{2}\right)$;(2) $\dfrac{q^2}{8\pi\varepsilon_0 a}\left(\dfrac{12}{\sqrt{3}}-9\right)$

8. 如图,一半径为 $R$ 的圆环上均匀分布着总电量为 $+Q$ 的电荷.环心 $O$ 点的电场强度 $E=$_____.若一负电荷 $-q$ 被限制只能沿圆环的轴运动,当该电荷距环心位移为 $x$ 时所受的静电力 $F=$_____.

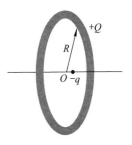

**解** (1) 0;(2) $-\dfrac{Qq}{4\pi\varepsilon_0(R^2+x^2)^{3/2}}x$

### 三、计算题(每题 15 分,共 60 分)

9. 设一两端封闭、横放的汽缸,被一个质量为 $m$、面积为 $S$ 的活塞分割为体积都为 $V_0$ 的左右两部分,其中都充满了压强为 $p_0$ 的气体.现把活塞略微推离平衡位置,释放后活塞将做小幅振动.活塞质量较大,把这过程看成是等温过程,并忽略摩擦,求活塞的振动周期.

**解** 汽缸被分为左右两部分,从左到右建立 $x$ 轴,活塞平衡位置为原点位置,设活塞被推离到 $x$ 位置处,由于是等温过程,所以左边气体的压强变为

$$p_\text{左}=\dfrac{p_0V_0}{V_0+Sx}\approx p_0\left(1-\dfrac{Sx}{V_0}\right),$$

右边气体的压强则变为

$$p_\text{右}=\dfrac{p_0V_0}{V_0-Sx}\approx p_0\left(1+\dfrac{Sx}{V_0}\right).$$

对活塞,根据牛顿第二定律,

$$ma=-(p_\text{右}-p_\text{左})S=-\dfrac{2p_0S^2}{V_0}x,$$

与弹簧类比，相当于一根劲度系数如下的弹簧，
$$k=\frac{2p_0S^2}{V_0},$$
所以可以得到活塞的振动周期为
$$T=2\pi\sqrt{\frac{m}{k}}=2\pi\sqrt{\frac{mV_0}{2p_0S^2}}.$$

10. 如图，三个完全相同的理想凸透镜共轴均匀地排成一行，其焦距均为 $f$，相邻透镜之间的间距均为 $\lambda f$，已知对任意左侧入射光线，在右侧出射后其方向均与入射方向平行．

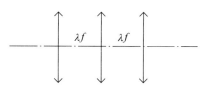

(1) 画出可能的光路图．

(2) 求 $\lambda$ 可能的取值．

**解** 先猜出一个特解，再验证这个解是普适的．

由于题目条件适合任意入射光线，则必然有光线的光路关于中间透镜左右对称，对于中间透镜来说，左右对称的光线必然经过左右 $2f$ 处．

而从最左边透镜入射的光，和从最右边透镜出射的光，既要满足左右对称，又要满足两光线方向平行，所以只能是平行于光轴的光．而平行入射的光过透镜后必然过焦点．

综上可知，$\lambda=3$，光路图如题解图所示．

下面证明对于任意的入射光线都满足题目条件．将透镜从左到右编号 1，2，3. 任意取一入射光线，其与光轴的交点就确定了透镜 1 的物距 $u_1$，经过透镜 1 后与光轴的交点就确定了像距 $v_1$，而这个交点同时确定了透镜 2 的物距 $u_2$，并且两者之和为 $\lambda f$；同理，光线经过透镜 2 后与光轴的交点就确定了透镜 2 的像距 $v_2$，这个交点同时也确定了透镜 3 的物距 $u_3$，并且两者之和为

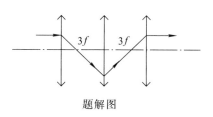

题解图

$\lambda f$；光线经过透镜 3 后与光轴的交点就确定了透镜 3 的像距 $v_3$．根据以上的描述，并考虑透镜成像公式，可得以下方程：
$$\frac{1}{u_1}+\frac{1}{v_1}=\frac{1}{f},\quad \frac{1}{u_2}+\frac{1}{v_2}=\frac{1}{f},\quad \frac{1}{u_3}+\frac{1}{v_3}=\frac{1}{f},$$
$$v_1+u_2=3f,\quad v_2+u_3=3f.$$
设 $u_1=xf$，按以上条件可以依次算出以下结果：
$$v_1=\frac{x}{x-1}f,\quad u_2=\frac{2x-3}{x-1}f,\quad v_2=\frac{2x-3}{x-2}f,$$
$$u_3=\frac{x-3}{x-2}f,\quad v_3=(3-x)f.$$

由于要满足出射光线与入射光线平行，所以实际上要求角放大率为 1；因为是三个透镜，所以要求满足以下关系：
$$\frac{v_1}{u_1}\frac{v_2}{u_2}\frac{v_3}{u_3}=-1.$$

代入已知结果,显然满足这个要求,所以对于任意光线,λ=3 都满足题目要求.

11. 电子枪打靶:如图,静止的电子在电子枪内经 $U=500$ V 电压加速后,从枪口 $Q$ 点沿直线 $\alpha$ 射出,若要求电子击中在 $\varphi=60°$ 方向,与枪口相距 $d=QM=5.0$ cm,在 $Q$ 点右下方的靶 $M$ 点.

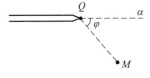

(1) 设均匀磁感应强度 $B$ 垂直于由直线 $\alpha$ 和靶 $M$ 点确定的平面,求所需 $B$ 的大小.

(2) 设均匀磁感应强度 $B//QM$,求所需 $B$ 的大小.

**解** (1) 如题解图 1,纸面是直线 $\alpha$ 和 $QM$ 构成的平面,均匀磁场 $B$ 与纸面垂直.电子以速度 $v$ 从 $Q$ 射出,进入磁场,受洛伦兹力做匀速圆周运动.因靶 $M$ 点在 $Q$ 点右下方,为使电子向下偏转,$B$ 的方向应垂直纸面向里($\otimes$).

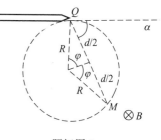

题解图 1

电子运动速度满足

$$\frac{1}{2}mv^2 = eU,$$

匀速圆周运动半径

$$R = \frac{mv}{eB},$$

为击中 $M$ 点该圆应与 $M$ 点相交,

$$R\sin\varphi = \frac{d}{2},$$

即 $B = \dfrac{2\sin\varphi}{d}\sqrt{\dfrac{2mU}{e}} = 2.6\times 10^{-3}$ T,

(2) 如题解图 2,$B//QM$,$v$ 与 $B$ 斜交,夹角为 $\varphi$.电子从 $Q$ 射入磁场后,速度分解为与 $B$ 垂直和平行两个分量,电子以 $v_{//} = v\cos\varphi$ 沿 $QM$ 做匀速直线运动,同时以 $v_\perp = v\sin\varphi$ 做匀速圆周运动,合成以 $QM$ 为轴的等距螺旋线.

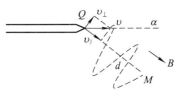

题解图 2

为使电子击中靶 $M$,电子从 $Q$ 以 $v_{//}$ 沿 $QM$ 经 $t$ 时间到达 $M$ 点的同时,以 $v_\perp$ 应刚好完成整数个圆周运动,调节 $B$ 的大小来满足.

电子从枪口 $Q$ 出射速度满足

$$\frac{1}{2}mv^2 = eU,$$

电子以 $v_\perp = v\sin\varphi$ 在垂直 $B$ 的平面内做匀速圆周运动,其半径 $R$ 和周期 $T$ 为

$$R = \frac{mv_\perp}{eB} = \frac{mv\sin\varphi}{eB}, \quad T = \frac{2\pi R}{v_\perp} = \frac{2\pi m}{eB}.$$

同时,电子以 $v_{//}$ 沿着 $QM$ 做匀速直线运动,从 $Q$ 到达 $M$ 的时间为

$$t = \frac{d}{v_{//}} = \frac{d}{v\cos\varphi}.$$

为了使电子击中靶,$t$ 应为 $T$ 的整数倍,即 $t = kT$,$k=1,2,\cdots$(或者 $d=kh$,螺距 $h=$

$v_{//}T$),即 $\dfrac{d}{v\cos\varphi}=k\dfrac{2\pi m}{eB}$,故

$$B=k\dfrac{2\pi\cos\varphi}{d}\sqrt{\dfrac{2Um}{e}}=k\times 4.7\times 10^{-3}\,\text{T},\ k=1,\ 2,\ \cdots,$$

且 **B** 的方向从 $Q$ 指向 $M$ 或反向均可.

12. 如图所示,用一轻绳以水平恒力 **F** 在高度为 $h$ 的岸上通过一个光滑的定滑轮拉拽质量为 $m$ 的小船. 已知起始时刻的绳长为 $l_0$,绳与水面夹角为 $\theta_0$ 以及小船初速度为 $v_0$. 设此后小船一直不离开水面,并忽略水的阻力. 某时刻 $\theta>\theta_0$.

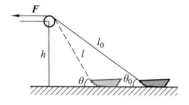

(1) 求小船在该时刻的速度大小 $v$ 和加速度大小 $a$.
(2) 求该时刻力 **F** 作功的功率.

**解** (1) 设力 **F** 作用点为 $A$,它走过的位移

$$\Delta l=\dfrac{h}{\sin\theta_0}-\dfrac{h}{\sin\theta}.$$

由动能定理,力 **F** 作功等于小船动能的改变:

$$F\Delta l=\Delta E_k,$$

即

$$Fh\left(\dfrac{1}{\sin\theta_0}-\dfrac{1}{\sin\theta}\right)=\dfrac{1}{2}m(v^2-v_0^2),$$

得

$$v=\sqrt{\dfrac{2Fh}{m}\left(\dfrac{1}{\sin\theta_0}-\dfrac{1}{\sin\theta}\right)+v_0^2}.$$

船始终在水面上,故受到的重力、浮力与绳拉力的垂直分量平衡. 忽略水的阻力,船受水平方向的力只有绳拉力的水平分量. 由牛顿第二定律,有

$$F\cos\theta=ma,$$

$$a=\dfrac{\cos\theta}{m}F.$$

(2) **F** 作功的功率

$$P=\mathbf{F}\cdot\mathbf{v}_A.$$

由 $v_A=\dfrac{x}{l}v=v\cos\theta$,得

$$P=\mathbf{F}\cdot\mathbf{v}_A=F\cos\theta\sqrt{\dfrac{2Fh}{m}\left(\dfrac{1}{\sin\theta_0}-\dfrac{1}{\sin\theta}\right)+v_0^2}.$$

# 2019 年试题

已知普朗克常量 $h = 6.63 \times 10^{-34}$ J·s，质子质量 $m_p = 1.67 \times 10^{-27}$ kg，电子质量 $m_e \approx m_p/1840$，地球半径 $R_e = 6.4 \times 10^6$ m，重力加速度 $g = 9.8$ m/s²，要求计算结果保留 2 位有效数字．

## 一、单选题(4 道题，每题 4 分，共 16 分)

1. 如图所示，长度相同，劲度系数分别为 $k$ 和 $2k$ 的两根弹簧，串联和并联构成的新弹簧劲度系数分别为(    )：

   A. $3k$，$\dfrac{k}{3}$
   B. $\dfrac{k}{3}$，$3k$
   C. $3k$，$\dfrac{2k}{3}$
   D. $\dfrac{2k}{3}$，$3k$

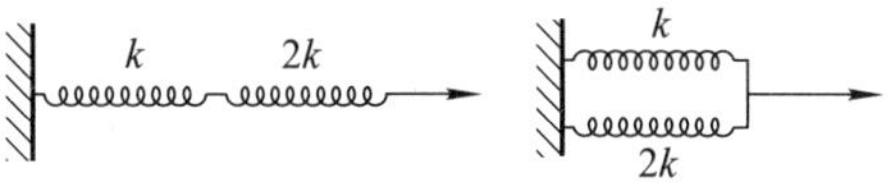

   **解** 选 D

2. 已知氢原子中电子沿半径为 $r$ 的圆轨道绕核运动，角频率为 $\omega$．把氢原子放在磁感应强度为 $\boldsymbol{B}$ 的均匀磁场中，且 $\boldsymbol{B}$ 与电子轨道平面垂直，假定瞬时 $r$ 不因磁场发生变化．若氢原子放入磁场前后，迎着磁场 $\boldsymbol{B}$ 的方向电子沿逆时针运动，则角频率的变化 $\Delta\omega$ 是(    )：

   A. $\Delta\omega = +\dfrac{eB}{2m}$；
   B. $\Delta\omega = +\dfrac{eB}{m}$；
   C. $\Delta\omega = -\dfrac{eB}{m}$；
   D. $\Delta\omega = -\dfrac{eB}{2m}$．

   **解** 选 A

3. 将电子由静止加速到速率为 $0.1c$，以及由速率为 $0.8c$ 加速到 $0.9c$，分别需要对它作功(    ) eV：

   A. $1.3 \times 10^3$，$4.3 \times 10^4$；
   B. $2.6 \times 10^3$，$8.7 \times 10^4$；
   C. $2.6 \times 10^3$，$3.2 \times 10^5$；
   D. $5.2 \times 10^3$，$6.4 \times 10^5$．

   **解** 选 C

4. 静止的氢原子发生从 $n=4$ 到 $n=1$ 的跃迁而发光，则发出的光的波长以及氢原子的反冲速度是(    )：

   A. 24 nm，1.1 m/s；
   B. 24 nm，2.1 m/s；
   C. 97 nm，3.1 m/s；
   D. 97 nm，4.1 m/s．

   **解** 选 D

## 二、填空题(4 道题，每题 2 空，每空 3 分，共 24 分)

5. 地球同步轨道卫星的轨道半径 $R = $ _____ m．假设某地球同步轨道卫星受太阳风干扰,使其周期产生了1.0 s的偏差,地面站为了恢复卫星的正常状态,需要调节其轨道高度,则卫星高度改变量应为_____ m.

**解** (1) $4.2\times 10^7$ m;(2) $3.3\times 10^2$ m

6. 等容条件下,理想气体压强和温度的关系可以用来定义温标(温度的数值表示),某新温标的定义方式为$t=273.15+273.15\ln(p/p_0)$,单位为D,将水的冰点温度定义为$t_0=273.15$ D,$p_0$为理想气体在冰点时的压强,新温标下的1 mol理想气体的状态方程是_____,该温标$t$的取值范围是_____.

**解** (1) $\dfrac{pV}{e^{\frac{t-273.15}{273.15}}}=\dfrac{p_0V_0}{e^{\frac{t_0-273.15}{273.15}}}=273.15R$;(2) $(-\infty,+\infty)$

7. 如图,边长为$a$的等边三角形导线位于水平面内,导线内的电流强度为$I$,则以此三角形为底的正四面体的顶点$P$处的磁感应强度大小$B=$_____,方向是_____.

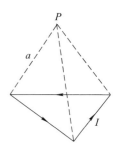

**解** (1) $\dfrac{\sqrt{3}\mu_0 I}{6\pi a}$;(2) 竖直向上

8. 如图,平行光束经过半球形玻璃透镜出射,$AB$为过球心的光轴($O$点为球心,$P$点为$AB$与右侧球面的交点),玻璃透镜半径$R=5.0$ cm,折射率$n=1.5$. 透射光束与光轴相交在不同位置,则相交点与$O$点的最近距离是_____ cm,相交点与$P$点的最远距离是_____ cm.

**解** (1) 6.7;(2) 10

### 三、计算题(4道题,每题15分,共60分)

9. 如图,三个质量均为$m$的小球,静置于光滑水平面上,用两段长度均为$l$(长度不可伸缩)的轻质细软绳连接. 开始时绳子伸直,两绳之间夹角为$60°$. 现有另一质量也为$m$的小球4,沿两绳夹角的平分线正碰中间的小球1,碰撞前小球4的速度大小为$v$.

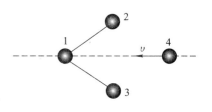

(1) 如果小球1,4之间是弹性碰撞,求碰后瞬间各个小球的速度大小和方向.

(2) 如果小球1,4之间不是弹性碰撞,问什么条件下,碰撞前后动能损失最大?求最大的动能损失.

**解** 见题解图,设碰撞过程中小球4对1的冲量为$\boldsymbol{I}_{41}$,1对4的反冲量为$\boldsymbol{I}_{14}$,$\boldsymbol{I}_{41}$和$\boldsymbol{I}_{14}$大小相等,方向相反,其大小记为$I$. 小球1对2的冲量为$\boldsymbol{I}_{12}$,2对1的反冲量为$\boldsymbol{I}_{21}$,1对3的冲量为$\boldsymbol{I}_{13}$,3对1的反冲量为$\boldsymbol{I}_{31}$,根据牛顿定律和对称性得

$$I_{12}=I_{21}=I_{13}=I_{31}=I'.$$

所以球1的动量为

$$mv_1=I-2I'\cos\dfrac{\pi}{6}=I-\sqrt{3}I',$$

球2,3的动量:

$$mv_2 = mv_3 = I'.$$

因为绳子不可伸长，球 1 沿绳子的速度分量应该等于 2 的速度：

$$mv_1 \cos \frac{\pi}{6} = mv_2, \quad \Rightarrow \quad I = \frac{5}{\sqrt{3}} I',$$

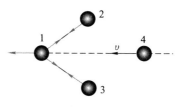

题解图

于是：

$$v_2 = v_3 = \frac{\sqrt{3}}{5} \frac{I}{m},$$

运动方向沿绳的方向；

$$v_1 = \frac{2}{5} \frac{I}{m},$$

运动方向向前；

$$v_4 = v - \frac{I}{m}.$$

(1) 如果为弹性碰撞，碰撞前后动能不变，所以：

$$\frac{1}{2}mv_1^2 + \frac{1}{2}mv_2^2 + \frac{1}{2}mv_3^2 + \frac{1}{2}mv_4^2 = \frac{1}{2}mv^2,$$

即

$$\frac{3}{25}\frac{I^2}{m} + \frac{2}{25}\frac{I^2}{m} + \frac{1}{2}mv^2 - vI + \frac{1}{2}\frac{I^2}{m} = \frac{1}{2}mv^2,$$

得

$$I = \frac{10}{7}mv.$$

所以各个小球的速度：

$$v_1 = \frac{4}{7}v; \quad v_2 = v_3 = \frac{2\sqrt{3}}{7}v; \quad v_4 = -\frac{3}{7}v, \quad 方向向后.$$

(2) 如果是非弹性碰撞，则动能损失为

$$\Delta E_k = \frac{1}{2}mv^2 - \left( \frac{1}{2}mv_1^2 + \frac{1}{2}mv_2^2 + \frac{1}{2}mv_3^2 + \frac{1}{2}mv_4^2 \right)$$

$$= \frac{1}{2}mv^2 - \left( \frac{7}{10}\frac{I^2}{m} + \frac{1}{2}mv^2 - vI \right)$$

$$= vI - \frac{7}{10}\frac{I^2}{m} = -\left[ \sqrt{\frac{7}{10}} \frac{I}{\sqrt{m}} - \frac{1}{2}\sqrt{\frac{10}{7}} v \sqrt{m} \right]^2 + \frac{5}{14}mv^2,$$

所以当

$$I = \frac{5}{7}vm,$$

即

$$v_1 = v_4 = \frac{2}{7}v,$$

速度相等时,动能损失最大:
$$\Delta E_{k\max} = \frac{5}{14}mv^2.$$

10. 如图,劲度系数为 $k$ 的轻质弹簧一端固定在墙上,另一端连接一个质量为 $m$ 的小球,该小球与水平地面之间的摩擦力正比于正压力. 起始时小球位于平衡位置 $O$ 点处. 现将小球向左缓慢移至距离 $O$ 点为 $A_0$ 的位置停下,然后松开. 若忽略最大静摩擦系数与滑动摩擦系数的差异,

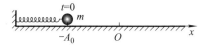

(1) 松开后小球恰好经过一个周期后完全停止下来(向右经过 $O$ 点,然后向左经过 $O$ 点,算一个周期),试求出小物块与地面之间的摩擦系数 $\mu$ 的取值范围.

(2) 松开后小球恰好经过两个周期后完全停止下来,试求出小物块与地面之间的摩擦系数 $\mu$ 的取值范围.

**解** 由于摩擦力的存在,弹簧振子的振幅不断变小. 考察最初半个周期,设小物块运动到平衡位置右侧的振幅变为 $A_1$,则按照功能原理,有
$$\mu mg(A_0 + A_1) = \frac{1}{2}k(A_0^2 - A_1^2),$$
$$A_1 = A_0 - \frac{2\mu mg}{k}.$$

同理可得,在第 $n$ 个半周期结束时
$$A_n = A_{n-1} - \frac{2\mu mg}{k} = A_0 - \frac{2n\mu mg}{k}.$$

(1) 第 1 周期结束时,
$$A_2 = A_0 - \frac{4\mu mg}{k} \geqslant 0,$$

有
$$\mu \leqslant \frac{kA_0}{4mg}.$$

此时小物块恰好完全停下,静摩擦力与胡克弹性力相等,即
$$\mu mg \geqslant kA_2,$$
$$\mu mg \geqslant k\left(A_0 - \frac{4\mu mg}{k}\right), \quad \Rightarrow \quad \mu \geqslant \frac{kA_0}{5mg}.$$

综上所述,摩擦系数取值范围为 $\frac{kA_0}{5mg} \leqslant \mu < \frac{kA_0}{4mg}$.

(2) 同理,第 2 周期结束时,
$$A_4 = A_0 - \frac{8\mu mg}{k} \geqslant 0,$$

有 $\mu \leqslant \frac{kA_0}{8mg}$.

此时小物块恰好完全停下,有静摩擦力与胡克力相等,即
$$kA_4 \leqslant \mu mg,$$

解得 $\mu \geqslant \dfrac{kA_0}{9mg}$.

综上所述，摩擦系数取值范围为 $\dfrac{kA_0}{9mg} \leqslant \mu < \dfrac{kA_0}{8mg}$.

11. 如图所示，右边为半无穷大均匀磁场，磁感应强度为 $B$，方向垂直于水平面，左边也为半无穷大均匀磁场，磁感应强度为 $2B$，方向垂直于水平面．有一带电量为 $q$ 的绝缘小球（$q$ 为正电荷），位于两磁场的分界处．现给小球一个垂直于分界线的水平瞬时速度 $v_0$．设小球位于无穷大光滑水平面上，运动过程忽略空气阻力．

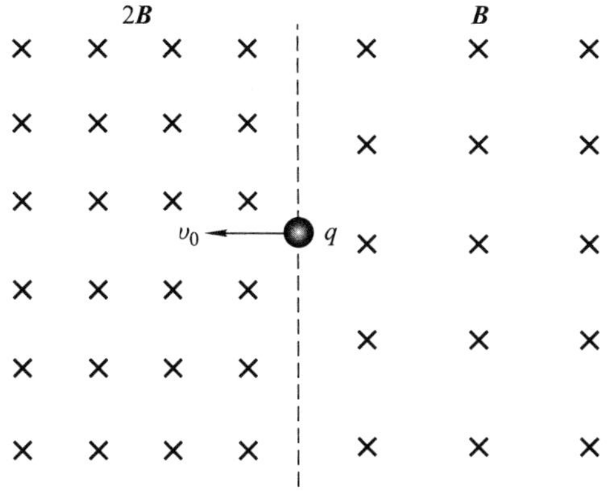

(1) 画出带电绝缘小球的运动轨迹．如果运动时间足够长，请计算小球位移的平均速度．

(2) 如果带电绝缘小球改为带电金属球，试定性分析其运动状态．

**解** (1) 运动的带电小球在磁场中受洛伦兹力
$$\boldsymbol{F} = q\boldsymbol{v} \times \boldsymbol{B}.$$
小球在均匀磁场中，运动速度垂直于磁场，在洛伦兹力作用下作圆周运动：
$$qv_0 B = m\dfrac{v_0^2}{r},$$
圆周运动的半径为
$$r = m\dfrac{v_0}{qB},$$
周期为
$$T = \dfrac{2\pi r}{v_0} = \dfrac{2\pi m}{qB}.$$

本题中小球运动轨迹为半圆：在左边磁场感应强度为 $2B$，圆周运动半径为 $r_{左} = m\dfrac{v_0}{2qB}$，运动时间为 $\Delta t_{左} = \dfrac{T_{左}}{2} = \dfrac{\pi m}{2qB}$；在右边磁场感应强度为 $B$，圆周运动半径为 $r_{右} = m\dfrac{v_0}{qB}$，运动时间为 $\Delta t_{右} = \dfrac{T_{右}}{2} = \dfrac{\pi m}{qB}$．其运动轨迹如题解图所示．

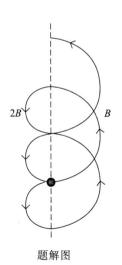

题解图

在 $\Delta t_左 + \Delta t_右$ 时间里，小球位移为

$$s = 2r_右 - 2r_左 = m\frac{v_0}{qB},$$

如果运动时间足够长，小球位移的平均速度

$$\bar{v} = \frac{s}{\Delta t_左 + \Delta t_右} = \frac{2}{3\pi}v_0.$$

(2) 如果绝缘球换成金属球，在左右两边依然是圆周运动，

金属球运动到分界处，相当于在非均匀磁场中运动，产生涡旋电流，产生热。即将小球的部分动能转化成热，小球速度减少，这样在两边的圆周运动的半径也逐渐减少。

12. 杨氏双缝干涉实验使用白炽灯照明，白炽灯发光光谱范围为400 nm至700 nm。在单缝 S 和双缝 $S_1$，$S_2$ 之间垂直插入一块 F-P 腔（等效于一定厚度的平行薄膜，光可以在薄膜的两表面反射和透射，起到选择透射光频率的作用），其反射层的光强反射率均为 $R = 0.80$，间隔层厚度 $h = 0.50\ \mu m$，折射率为 $n = 1.52$。$S_1$，$S_2$ 的间距 $d$ 远远小于 S 到 $S_1$，$S_2$ 之间的距离，可近似认为光正入射于 F-P 腔。

(1) 画出实验装置示意图。

(2) 求出在接收屏上可以观察到什么波长可见光的干涉条纹？颜色是什么？

(3) 可以观察到多少级干涉条纹？（经过 F-P 腔的光谱宽度 $\Delta \lambda_k = \frac{\lambda_k^2}{2\pi n h}\frac{1-R}{\sqrt{R}}$，$k = 1, 2, \cdots$）

**解** (1) 实验装置如题解图。

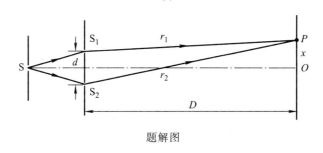

题解图

(2) 能透过 F-P 腔的光的波长为 $\lambda_k = \frac{2nh}{k}$，计算如下表：

| $k$ | 1 | 2 | 3 | 4 |
| --- | --- | --- | --- | --- |
| 波长/nm | 1520 | 760 | 507 | 380 |

因为光源白炽灯发光光谱范围为 400 nm 至 700 nm，所以透射光波长为 $\lambda_3 = 507$ nm，即干涉条纹为绿色。

(3) 光谱宽度

$$\Delta\lambda_3 \approx \frac{\lambda_3^2}{2\pi nh}\frac{1-R}{\sqrt{R}} = 12.0 \text{ nm}.$$

长波长：$\lambda_3 + \frac{1}{2}\Delta\lambda_3$；短波长：$\lambda_3 - \frac{1}{2}\Delta\lambda_3$.

对应于长波长，每一级的条纹宽度为

$$\Delta x_L = \frac{D}{d}(\lambda_3 + \Delta\lambda_3);$$

对应于短波长

$$\Delta x_S = \frac{D}{d}(\lambda_3 - \Delta\lambda_3).$$

当长波长的 $k$ 级亮条纹和短波长的 $k+1$ 级亮条纹重合，条纹无法辨认，令

$$k\Delta x_L(\text{长波长}) = (k+1)\Delta x_S(\text{短波长}),$$
$$\downarrow \qquad\qquad\qquad \downarrow$$
$$k\frac{D}{d}\left(\lambda_3 + \frac{1}{2}\Delta\lambda_3\right) = (k+1)\frac{D}{d}\left(\lambda_3 - \frac{1}{2}\Delta\lambda_3\right),$$

于是

$$k\Delta\lambda_3 = \lambda_3 - \frac{\Delta\lambda_3}{2},$$

则

$$k = \frac{\lambda_3 - \frac{\Delta\lambda_3}{2}}{\Delta\lambda_3} = 41.7,$$

也就是说从第 41 级开始条纹变得不可分辨．

# 北京大学自主招生物理试题
## 考试范围和难度要求(拟)

难度表示：
无标记：初级　※中级　☆高级
参考书目：
钟锡华等《大学物理通用教程》(力学、热学、电磁学、光学、近代物理)

## 力学

1. **运动学**
   时空观　空间与时间
   参考系　坐标系　直角坐标系　※平面极坐标　※自然坐标系
   质点　标量　矢量
   质点运动　位移和路程　速度　加速度
   运动的合成与分解
   匀速及匀变速直线运动及其图像
   抛体运动
   圆周运动　切向加速度和法向加速度　曲率半径
   角速度　※角加速度
   相对运动　伽利略速度变换

2. **动力学**
   牛顿第一、二、三运动定律
   重力　弹性力　摩擦力
   胡克定律
   万有引力定律　均匀球壳对壳内和壳外质点的引力公式(不要求导出)
   惯性参考系　力学相对性原理　伽利略变换
   ※非惯性参考系
   ※平动加速参考系中的惯性力
   ※匀速转动参考系中的惯性力　离心力、视重
   ☆科里奥利力

3. **动量**
   冲量　动量
   质点与质点组的动量定理
   动量守恒定律
   ※质心(质心与重心的异同)
   ※质心运动定理

※质心参考系
反冲运动（流体）
※变质量体系的运动

4. 机械能
功和功率　动能
质点与质点组的动能定理
※质心动能定理（柯尼西定理）
※保守力　势能　势能曲面
重力势能
引力势能　质点及均匀球壳壳内和壳外的引力势能公式（不要求导出）
弹簧的弹性势能
机械能定理（机械能变化定理或功能原理）
机械能守恒定律
碰撞　弹性碰撞与非弹性碰撞　恢复系数　约化质量

5. ※角动量
冲量矩　角动量
质点与质点组的角动量定理和转动定理
质心角动量定理
角动量守恒定律

6. 有心运动
在万有引力和库仑力作用下物体的运动
开普勒定律
行星和人造天体的圆轨道和椭圆轨道运动　存在闭合轨道的条件　碰撞距离　散射截面

7. ※刚体
刚体的平动
刚体的定轴转动
刚体绕轴的转动惯量　平行轴定理　垂直轴定理
刚体定轴转动的角动量定理
刚体的平面平行运动　随质心轴平动与绕质心轴转动　纯滚动

8. 物体的平衡
共点力作用下物体的平衡
※力矩　刚体的平衡条件
☆虚功原理
稳定平衡与非稳定平衡

9. 流体力学
静止流体中的压强　帕斯卡原理

浮力　阿基米德原理
☆连续性原理（体积/质量流量守恒）
☆伯努利方程　定常流动的流速与压强的关系

### 10. 振动
简谐振动　振幅　频率和周期　相位和初相位
振动的图像
参考圆　简谐振动的速度
（线性）回复力　由动力学方程确定简谐振动的频率
简谐振动的能量
同方向同频率简谐振动的合成
阻尼振动
受迫振动和共振（定性）

### 11. 波动
横波　纵波
波长　频率和波速的关系
波动的图像
※平面简谐波的表达式
※波的能量与能流
波的叠加
波的干涉　※驻波
波的衍射（定性）
声波　声音的响度、音调、音品（定性）
声音的共鸣（定性）　乐音和噪声（定性）
※多普勒效应

## 热学

### 1. 分子动理论
原子和分子大小的数量级
分子的热运动和碰撞　布朗运动
平衡态　热力学第零定律
温度的微观意义
分子热运动的动能　※气体分子的平均平动动能
分子力　分子间的势能
物体的内能
※分子热运动自由度　※能量均分定理
※压强的统计解释
☆麦克斯韦速度分布与速率分布的定量计算

2. **气体的性质**

    温标　摄氏温标　理想气体温标　热力学温标
    ※物质状态方程　物质性质的系数（体膨胀系数、等温压缩系数、等容压强系数）
    气体实验定律
    理想气体模型　理想气体状态方程
    道尔顿分压定律
    混合理想气体状态方程
    理想气体状态方程的微观解释（定性）
    ※实际气体状态方程
    ※范德瓦尔斯方程
    ☆卡末林-昂内斯方程　位力系数

3. **热力学第一定律**

    热、功和内能
    热力学第一定律
    热力学第一定律在物质性质中的应用　理想气体的内能
    热力学第一定律在理想气体中的应用（等容、等压、等温、绝热过程）
    ※绝热过程方程
    ※定容热容量和定压热容量
    ※等温、绝热过程中的功
    ※多方过程及应用
    ※热机及其效率
    ※卡诺定理

4. **热力学第二定律**

    ※热力学第二定律的开尔文表述和克劳修斯表述
    ※可逆过程与不可逆过程
    ※宏观热力学过程的不可逆性
    ※理想气体的自由膨胀
    ※热力学第二定律的统计意义
    ☆热力学第二定律的数学表达式
    ☆熵、熵增

5. **液体的性质**

    液体分子运动的特点
    液体表面性质　表面张力系数　※球形液面两边的压强差
    浸润现象和毛细现象（定性）

6. **固体的性质**

    晶体和非晶体　空间点阵

固体分子运动的特点

7. **物态变化**
   熔化和凝固　熔点　熔化热
   蒸发和凝结　饱和气压　沸腾和沸点
   汽化热　临界温度
   固体的升华
   空气的湿度和湿度计　露点

8. **热传递的方式**
   传导　※傅里叶热传导定律、导热系数
   对流
   辐射　※黑体辐射概念　※斯特藩-玻尔兹曼定律　※维恩位移定律

9. **热膨胀**
   热膨胀和膨胀系数

## 电磁学

1. **静电场**
   电荷守恒定律
   库仑定律
   电场强度　电场线
   点电荷的场强
   场强叠加原理
   匀强电场
   均匀带电球壳内、外的场强公式（不要求导出）
   ※高斯定理及其在对称带电体系中的应用
   电势和电势差　等势面
   点电荷电场的电势
   电势叠加原理
   均匀带电球壳内、外的电势公式
   电场中的导体　静电平衡　静电屏蔽
   ※静电镜像法（平板和球面）
   电容　平行板电容器的电容　※球形、圆柱形电容器的电容
   电容器的连接
   ※电荷体系的静电能　※电场的能量密度
   电容器充电后的电能
   ☆电偶极矩
   ☆电偶极子的电场和电势
   电介质的概念

☆电介质的极化与极化电荷
☆电位移矢量

2. **稳恒电流**

   欧姆定律　电阻率和温度的关系

   电功和电功率　焦耳定律

   电阻的串、并联

   电动势

   闭合电路(一段含源电路)的欧姆定律　※基尔霍夫定律

   电流表　电压表　欧姆表

   惠斯通电桥

   补偿电路

3. **物质的导电性**

   金属中的电流　欧姆定律的微观解释

   ※液体中的电流　※法拉第电解定律

   ※气体中的电流　※被激放电和自激放电(定性)

   真空中的电流　示波器

   半导体的导电特性　p型半导体和n型半导体

   ※pn结

   晶体二极管的单向导电性　※其微观解释(定性)

   三极管的放大作用(不要求掌握机理)

   超导现象　☆超导体的基本性质

4. **磁场**

   电流的磁场(奥斯特实验)

   ※毕奥-萨伐尔定律

   磁场叠加原理

   磁感应强度　磁感线

   匀强磁场

   长直导线、圆线圈、螺线管中的电流的磁场分布(定性)

   ※安培环路定理及其在对称电流体系中的应用

   ※圆线圈中的电流在轴线上和环面上的磁场

   ☆磁矩

   安培力　洛伦兹力

   带电粒子荷质比的测定　质谱仪　回旋加速器　霍尔效应

5. **电磁感应**

   法拉第电磁感应定律

   楞次定律

   动生电动势　※感生电动势(涡旋电场)

自感和互感
※通电线圈的自感磁能（不要求推导）

6. **交流电**

    交流发电机原理　交流电的最大值和有效值
    ☆交流电的矢量和复数表述
    纯电阻、纯电感、纯电容电路　感抗和容抗
    ※电流和电压的相位差
    整流　滤波和稳压
    ☆谐振电路　☆交流电的功率
    ☆三相交流电及其连接法
    ☆感应电动机原理
    理想变压器
    远距离输电

7. **电磁振荡和电磁波**

    电磁振荡　振荡电路及振荡频率　赫兹实验
    电磁场和电磁波
    ☆电磁场能量密度、能流密度（坡印亭矢量）
    电磁波的波速　电磁波谱
    电磁波的发射和调制　电磁波的接收、调谐、检波
    电磁波在界面的边界条件（反射和折射）

## 光学

1. **几何光学**

    光的传播　反射　折射　全反射
    折射率、介质中的光速、色散
    光程　※费马原理
    平面镜成像　球面镜成像公式及作图法
    ※球面折射成像公式　※焦距与折射率、球面半径的关系
    薄透镜成像公式及作图法
    眼睛　放大镜　显微镜　望远镜
    ※其他常用光学仪器

2. **波动光学**

    ※惠更斯原理
    光的干涉现象　分波前干涉　分振幅干涉
    光场的时间、空间相干性（定性）
    ☆多光束干涉
    光的衍射现象

※夫琅禾费衍射　单缝、矩孔、圆孔衍射　光学仪器分辨本领
※光栅　※布拉格公式
※光栅光谱分辨本领（不要求导出）
光谱和光谱分析（定性）
※光的偏振
※菲涅耳公式
※五种偏振态　偏振光的合成和分解
※马吕斯定律
※布儒斯特定律

## 近代物理

1. **光的本性**
   光电效应　※康普顿散射
   光的波粒二象性　光子的能量与动量

2. **原子结构**
   氢原子光谱的实验规律
   卢瑟福实验　原子的核式结构
   玻尔模型　用玻尔模型解释氢光谱
   ※用玻尔模型解释类氢光谱　弗兰克-赫兹实验
   原子的受激辐射　激光的产生（定性）和特性

3. **原子核**
   原子核大小的数量级
   原子核的组成和基本性质
   质子　中子
   原子核的放射性现象　衰变规律　半衰期　放射性的探测
   核反应方程　结合能
   质能关系式　质量亏损　裂变和聚变

4. **粒子**
   "基本粒子"　轻子与夸克（简单知识）
   四种基本相互作用
   实物粒子具有波粒二象性
   ※物质波
   ※德布罗意关系
   ※不确定关系

5. **※狭义相对论**
   迈克耳孙-莫雷实验

爱因斯坦假设

洛伦兹变换

时间和长度的相对论效应

相对论多普勒效应

☆速度变换

相对论动量　相对论能量　相对论动能　相对论动量和能量关系

6. ※太阳系，银河系，宇宙和黑洞的初步知识

## 单位制

国际单位制与量纲分析

## 数学基础

1. 中学阶段全部初等数学（包括解析几何）
2. 矢量的合成和分解，矢量的运算，极限、无限大和无限小的初步概念
3. ※微积分初步及其应用

   含一元微积分的简单规则

   微分：包括多项式、三角函数、指数函数、对数函数的导数，函数乘积和商的导数，复合函数的导数

   积分：包括多项式、三角函数、指数函数、对数函数的简单积分